# 중국어
## 작문 & 가이드

# 중국어
# 작문 &
# 가이드

초판 1쇄 발행   2021년 4월 21일
초판 2쇄 발행   2023년 6월 25일

| 펴 낸 이 | 윤준우 |
| 펴 낸 곳 | STT Books |
| 지 은 이 | STT Books 편집부 |
| 중문 감수 | 原美琳 高会敏 陈怡静 |

디자인&표지   정다운 (Double D & Studio / ekdnsdl5513@naver.com)
사      진   우종현 (표지 및 각 단원)
             www.facebook.com/simmonwoo
             www.instagram.com/simmon_woo

출 판 등 록   제353-2020-000012호
주      소   인천광역시 남동구 백범로 399 아트폴리스 1211호
홈 페 이 지   sttbooks.modoo.at
e - m a i l   sttbooks@naver.com
I S B N     979-11-970373-1-3  13720
정      가   15,000원

본 도서는 저작권법에 의해 보호를 받는 저작물입니다.
출판사의 허락 없이 본 도서의 내용을 복사하거나 전재 또는 발췌할 수 없습니다.

잘못된 책은 구입처에서 교환해 드립니다.

# 중국어 작문 & 가이드

# 머리말

 현재 시중에 나와 있는 작문 관련 교재는 중국어 문법 설명이 대부분을 차지한다. 올바른 중국어 문장을 만들기 위해 문법은 반드시 필요하지만, 정작 우리말을 중국어로 옮기는 데 필요한 설명은 많이 빠져 있어 아쉬운 점이 많았다.

 본 교재의 기획은 이런 아쉬움에서 출발하였다. 작문을 하려면 먼저 우리말을 보고 어떤 단어, 어떤 문법을 사용하여 중국어로 옮길지를 판단한다. 이 과정에서 우리말과 중국어의 문장 구조 특징, 표현 방식의 차이 등등, 두 언어의 상관관계를 제대로 이해해야 우리말을 중국어다운 문장으로 옮길 수 있다. 단순히 중국어 문법을 줄줄이 꿰고 단어를 많이 안다고 작문을 잘 할 수 있는 게 아니다. 하지만 대부분의 작문 관련 교재는 중국어의 문법적인 내용만 서술할 뿐 우리말과의 연관성은 다루지 않고 있다. 우리나라의 중급 이상 학습자들은 중국어 문법에 대한 이해도가 상당히 높은 편이다. HSK 같은 각종 중국어 능력 시험을 보기 위해 문법 학습에도 꽤 많은 시간을 투자하지만 작문은 여전히 어렵다.

 이런 배경 속에 본 교재는 중국어 문장을 구성하는 데 필요한 기본적인 문법 내용만 서술하고, 최대한 우리말에 초점을 맞춰 작문에서 필요한 부분을 집중적으로 다루었다. 예를 들어, 우리말은 대명사를 많이 사용하지 않지만 중국어는 명확한 의사 전달을 위해 대명사를 써야 되며, 우리말의 안은 문장을 중국어로 어떻게 표현하면 좋을지, 우리말 피동형은 어떻게 옮겨야 되는지 등등, 우리말을 효율적으로 중국어로 옮기는 과정을 예문과 함께 상세히 설명하였다.

아울러 본 교재는 "幸福时光"이라는 중국어 스터디 클럽에서 다루었던 내용 중 일부를 발췌하여 실었다. 누구보다 중국어를 사랑하고 높은 학습 열기를 가진 멋진 스터디 회원님들께 지면을 통해 감사의 말씀을 전한다. 또한 원고 집필에 많은 영감을 주고 열렬히 응원해 주신 많은 지인들께도 감사를 드린다. 특히 편집부의 거듭된 질의와 수정 요청에도 성심성의껏 도와주신 "原美琳", "高会敏", "陈怡静" 선생님들께 깊은 감사를 드린다.

끝으로 본 교재는 오랜 시간의 노력으로 세상의 빛을 보게 되었지만, 여전히 미흡한 부분이 많다. 독자 여러분들의 건전한 비판과 지도를 바란다.

STT Books 편집부

# contents

서론 : 작문을 위한 효과적인 학습 방법 ········ 008

## chapter 01
### 우리말과 중국어의 특징 비교

**01** 우리말과 중국어의 특징 이해하기 ········ 014

**02** 우리말과 중국어의 기본 문형 이해하기 ········ 023

## chapter 02
### 우리말 서술어는 중국어 작문의 키워드

**01** 시제 관련 표현 ········ 045

**02** 의지, 희망, 능력, 추측 관련 표현 ········ 062

**03** 피동형 표현 ········ 072

**04** 사역형 표현 ········ 084

## chapter 03
### 우리말과 중국어의 서술 패턴 이해

**01** 동작의 발생 순서대로 동사를 나열한다 ········ 094

**02** 안은 문장의 작문 ········ 100

**03** 이어진 문장의 작문 ········ 112

## chapter 04
## 우리말을 중국어로 옮길 때 주의할 점

- 01 중국어는 중요한 내용을 앞 절에서 표현한다 ········· 120
- 02 중국어는 대명사를 써야 의미 전달이 명확해진다 ········· 126
- 03 상황에 어울리는 동사를 쓴다 ········· 130
- 04 동사를 명확하게 사용한다 ········· 134
- 05 심리동사 사용에 주의한다 ········· 137
- 06 조동사를 사용하여 의미를 명확하게 전달한다 ········· 140
- 07 군더더기를 빼고 간결하게 표현한다 ········· 143
- 08 중국어는 양사가 있어야 자연스럽다 ········· 150

## chapter 05
## 실전 작문

- 01 외국어는 점수가 아니다 ········· 158
- 02 우리의 일상을 바꿔버린 바이러스 ········· 166
- 03 글씨를 보면 그 사람의 성격을 알 수 있다?? ········· 172
- 04 효율적인 외국어 학습 방법 ········· 178
- 05 비혼 예찬 ········· 184
- 06 현금 결제가 필요 없는 세상 ········· 192
- 07 개량 한복 ········· 200
- 08 작은 행동의 반복 ········· 208
- 09 낙태죄 폐지 ········· 216
- 10 도시의 매력 ········· 224

# 서론 : 작문을 위한 효과적인 학습 방법

본 교재는 중국어 문법책이 아니다. 우리말을 어떻게 중국어로 효율적으로 옮기면 좋을지를 설명하는 교재이다. 따라서 본 교재는 최대한 우리말에 초점을 맞춰 중국어로 옮기는 과정을 설명한다. 먼저 우리말의 문형과 중국어 문형의 차이를 설명하고, 중국어의 어떤 문법을 활용하여 옮겨야 좋을지를 설명하였다. 정확한 중국어 문장을 만들기 위해서 문법적인 요소는 필수적이지만, 작문에 필요한 핵심 부분만 간략하게 다뤘다. 아래는 작문을 잘 하기 위한 효과적인 학습 방법이다.

### 01 우리말의 서술어와 각 어미를 눈여겨본다.

〈우리말은 끝까지 들어봐야 알 수 있다〉라는 말이 있다. 우리말은 서술어가 문장 끝에 위치하여 각종 시제를 비롯해 긍정, 부정, 의문 및 피동형, 사역형 표현 등등 문장 전체의 뜻을 결정하기 때문이다. 우리말의 서술어 끝에 붙는 각종 어미를 눈여겨보면 우리말을 중국어의 어떤 문형으로 옮기면 좋을지를 가늠할 수 있다.

예를 들어, 〈 ~ 았다 / ~ 고 있다 / ~ 하겠다〉 등으로 시제를 알 수 있고, 〈~~을 것이다〉는 추측을 나타내는 성분으로 문장을 만들며, 사역형 어미 〈~~게 하다〉가 붙은 문장은 〈**让, 使, 叫**〉 등을 이용하여 문장을 만드는 등, **우리말의 서술어와 각종 서술 어미는 중국어 작문의 키워드이다.** 이 때 주의할 점은 우리말의 각종 어미에 너무 매몰되어서는 안 된다. 우리말의 서술 어미는 올바른 작문을 위한 키워드이자 힌트일 뿐이다.

## 02 우리말과 중국어의 표현 방식을 잘 이해하자.

언어는 그 나라의 문화를 비추는 거울이라고 한다. 그만큼 언어 속에는 해당 지역 사람의 사고 방식을 비롯하여 표현 방식, 문화 배경 등이 포함되어 있다. 예를 들어, <**옷이 젖지 않도록 빨리 비옷으로 갈아입으세요**>라고 목적 관계를 설명하는 우리말은 앞 절에서 이유 <옷이 젖지 않도록>을 먼저 서술하고, 뒤 절에서 <빨리 비옷으로 갈아입으세요>라는 중요 내용을 표현한다. 반면 중국어는 앞 절에서 중요 내용을 먼저 표현하고 뒤 절에서 이유 혹은 원인을 나타내어 <**你快穿上雨衣, 免得淋湿你的衣服**>라고 옮겨야 중국어다운 문장이 된다.

이 외에도 우리말과 중국어는 여러 방면에서 서로 다른 표현 방식이 있다. **양국 언어의 표현 방식에서 비롯된 차이점을 인지하고 작문을 해야 우리말식이 아닌 중국어 문장으로 만들 수 있다.**

## 03 중국어의 각종 보어를 잘 사용하자.

우리나라의 많은 학습자들이 중국어 문법 중에서 각종 보어를 가장 어렵게 여긴다는 연구 결과가 있다. 그 이유는 우리말은 서술어가 문장 끝에 오며, 서술어를 꾸며주는 각종 수식어들이 모두 서술어 앞에 위치한다. 이런 문형에 익숙한 우리나라 학습자들에게 서술어 뒤에 각종 부가 성분이 붙는 중국어의 각종 보어는 낯설고 까다롭게 느껴진다.

예를 들어, <그녀는 중국어를 매우 유창하게 합니다>라는 문장에서 <매우 유창하게>는 부사어로서 서술어 앞에 놓이지만, 중국어는 <**她中文说得非常流利**>라고 동사 <**说**> 뒤에 <**非常流利**>를 붙여 정도보어로 표현한다. 우리말식으로 부사어를 동사 앞으로 보내 <**她中文非常流利地说**>라고 말하지 않는다. 이 밖에도 여러 보어가 있는 데, 함축적인 의미를 가진 가능보어와 의미의 확장성이 많은 방향보어는 특히 주의를 해야 한다.

중국어 고유의 특징을 가진 문법 요소들을 작문에 적절히 활용해야 중국어다운 문장으로 만들 수 있다.

## 04 우리말과 중국어를 일대일 대응 관계로 보지 말자.

작문은 우리말을 중국어로 어떻게 옮기느냐가 아니라, 그 상황을 중국어로 어떻게 표현하느냐에 초점을 맞춰야 한다. 위에서 언급한대로 양국의 언어는 문장의 구조와 표현 방식 등이 서로 달라 우리말 예문을 있는 그대로 옮기면 어색하거나 부자연스러운 경우가 많다.

예를 들어, 우리말 동사 〈보다〉는 〈눈으로 사물을 관찰하다〉라는 뜻 외에도 여러 동작 및 상황을 표현한다. 시험을 보다(진행하다 → **进行**考试), 사회를 보다(담당하다 → **做**主持), 이익을 보다(얻다 → **受益**) 등등, 우리말은 모두 〈보다〉라는 동사로 표현하지만, 중국어는 각기 다른 동사로 표현한다. 또 다른 예로 〈막장 드라마가 시청률이 잘 나온다〉에서 〈시청률이 잘 나온다〉를 어떻게 옮길지 고민하지 말고, 〈시청률이 매우 높다〉라고 바꿔 〈**狗血剧收视率非常高**〉라고 옮긴다. 이처럼 **우리말을 그대로 옮기지 말고, 상황에 맞게 표현해야** 정확하게 의미가 전달된다.

## 05 작문에 필요한 문법을 익히자.

문법은 작문에서 매우 중요한 부분이다. 하지만 HSK 같은 각종 시험 대비를 목적으로 문법을 공부한다고 작문을 잘 할 수 있는 건 아니다. 시험이 중국어 문장을 보고 문법적 오류를 골라내는 것이라면, 작문은 우리말 문장을 보고 중국어로 옮기는 과정으로 문법의 활용 범위가 조금 다르다.

작문에서 중국어 문법을 유용하게 사용하려면 먼저 우리말과 어떤 연관이 있고 어떻게 활용하는지 명확히 알아야 된다. 단순히 문법 내용만 습득하지 말고 많은 예문을 통해 우리말과의 상관관계도 잘 이해해야 한다. 또한 당연한 얘기지만 중국어 표현을 많이 알고 있다면 작문에 절대적으로 유리하다. 여러 중국어 교재, 신문 및 인터넷 등을 통해 좋은 문장과 다양한 표현을 많이 익히도록 노력한다.

작문은 출발어(우리말)를 보고 도착어(중국어)로 옮기는 과정이다. 먼저 우리말 표현에 초점을 맞추고 여기에 적합한 중국어 문장으로 옮기는 게 작문의 핵심이다.

※ 본 교재는 변조를 따로 표시하지 않고 본래의 성조를 그대로 표기하였다. 경성은 한어병음 위에 아무런 표기도 하지 않았다.

chapter 01

# 우리말과 중국어의 특징 비교

중국어 작문을 잘 하려면 우리말의 특징도 잘 파악해야 한다. 먼저 우리말의 문장 구조가 중국어와 어떤 차이를 보이는지 간략하게 알아본다.

- 01 우리말과 중국어의 특징 이해하기
- 02 우리말과 중국어의 기본 문형 이해하기

# 01 우리말과 중국어의 특징 이해하기

우리말은 자음과 모음이 결합하여 하나의 글자로 만들어지는 〈조합형〉이다. 여기에 문법적인 요인이 더해져 글자의 형태가 바뀌거나 각종 어미가 다양하게 붙는다. 예를 들어, 〈먹다〉라는 동사는 시제와 문법에 따라 〈먹었다〉, 〈먹겠다〉, 〈먹고 있다〉 등으로 여러 기능을 가진 어미가 결합되어 구체적인 뜻을 나타낸다.

반면 중국어는 하나의 글자가 처음부터 독립적으로 형성된 〈완성형〉으로 글자의 형태 변화가 없다. 위의 우리말 예문을 중국어로는 〈**吃了**〉, 〈**要吃**〉, 〈**吃着呢**〉 등으로 표현할 수 있는 데 글자의 형태는 변화가 없다. 다만 문법과 시제에 따라 부가 성분이 첨가된다.

두 언어는 〈조합형〉과 〈완성형〉이라는 특징을 바탕으로 여러 부분에서 차이를 보인다. 우리말을 중국어로 옮기는 과정에서 양국 언어의 특징을 비교할 때 **우리말은 조사가 중요하고, 중국어는 글자의 배열 순서가 중요하다**는 점을 눈여겨봐야 한다.

## 01 우리말은 조사로 문장 성분을 구분한다.

우리말은 기본적으로 <주어 + 목적어 + 서술어> 순으로 배열되지만, 서술어가 문장 끝에 오는 걸 제외하면 어순이 비교적 자유로운 편이다. 문장 속에서 주어, 목적어, 부사어, 서술어 등의 위치가 바뀌어도 의미 전달에는 큰 문제가 없는 데, 이것은 **조사가 중요한 문법적인 기능을 가지고 있기 때문이다.** 아래의 예문을 통해 조사의 문법적 기능을 알 수 있다.

| 주어 | 수식어 | 목적어 | 서술어 |
|---|---|---|---|
| 나는 | 카페에서 / 동생과 | 커피를 | 마셨다 |
| 주격조사 | 처격조사 / 공동격조사 | 목적격조사 | |

위의 예문에서 각 문장 성분의 위치를 바꿔서 배열해 보면 :

### 예문

▶ 동생과 마셨다 커피를 카페에서 나는
▶ 커피를 나는 마셨다 동생과 카페에서

  위의 두 예문은 어순이 달라 조금 어색해도 전달되는 의미는 원문과 별 차이가 없다. 그 이유는 <조사>의 문법적 기능에 있다. 주어를 나타내는 주격조사 <~가>, 목적어를 나타내는 목적격 조사 <~를>, 장소를 나타내는 처격조사 <~에서>, 대상을 나타내는 공동격 조사 < ~과> 등이 **어순 또는 위치에 얽매이지 않고, 문장 성분을 구분하여 의미를 명확하게 전달해 준다.** 이런 조사의 역할은 우리말의 중요 특징 중 하나이다.

  반면 중국어는 <주어 + 서술어 + 목적어>가 기본 어순으로 글자(혹은 단어)의 배열 순서가 문법이며, 의미 전달에 매우 중요한 역할을 한다. 예를 들어, <我喜欢中文老师>라는 문장에서 각 문장 성분의 위치를 바꿔보면 :

### 예문

▶ 我喜欢中文老师。**나는** 중국어 선생님을 좋아한다.
▶ 中文老师喜欢我。**중국어 선생님이** 나를 좋아한다.

| 주어 | 서술어 | 목적어 |
|---|---|---|
| 我 | 喜欢 | 中文老师 |
| 中文老师 | 喜欢 | 我 |

위의 예문처럼 주어 <我>와 목적어 <中文老师>의 위치를 서로 바꾸면 문장 성분이 바뀌고 의미도 달라진다. 중국어는 우리말처럼 문장 성분을 구분하는 조사가 없다. 하지만 <주어 + 서술어 + 목적어>를 바탕으로 글자 (혹은 단어)가 어디에 위치하느냐에 따라 문장 성분이 결정되고 전달하는 의미에 영향을 미치기 때문에 중국어는 어순이 매우 중요하다.

중국의 유명한 문법 학자인 <주덕희(朱德熙)> 교수는 <단어를 분류하는 본질적인 근거는 단어의 뜻이 아니라 단어의 문법적 기능이다>라고 말할 정도로 단어의 문장 내 위치와 어순 배열을 강조하였다.

중국어 어순이 반드시 고정된 건 아니다. 일정한 조건에서 <把>를 이용하여 목적어를 동사 앞으로 놓을 수 있는 등 예외적인 상황도 있다.

## 02 중국어는 글자의 배열 순서가 문법이다

중국어는 <주어>, <서술어>, <목적어>, <관형어>, <부사어>, <보어> 등 6개 주요 문장 성분이 <주어 + 서술어 + 목적어>라는 기본 틀에서 문법과 의미에 따라 배열된다. 중국어 문장의 어순 배열을 좀 더 쉽게 이해하기 위해 <주어 + 서술어 + 목적어>라는 큰 틀은 유지한 채 **<수식어 부분>**과 **<보어 부분>**을 추가하여 문장 성분별로 5개 구역으로 나눈다. <수식어 부분>은 주어와 서술어 사이에 위치하며 **시간 명사, 부사(부정사 포함), 조동사, 개사 구조, 地조사** 등등, 서술어를 수식하는 성분이 들어간다. <보어 부분>은 서술어와 목적어 사이에 위치하여 **각종 보어**가 들어간다. 이런 어순 배열의 이해는 중국어 작문을 잘 하기 위한 기본 조건이다.

▶ 중국어의 기본 문장 틀

| 주어 | 수식어 | | | | | 서술어 | 보어 | 목적어 |
|---|---|---|---|---|---|---|---|---|
| | 시간 명사 | 부사<br>(부정사) | 조동사 | 개사 구조 | 地조사 | | | |

※ 이렇게 문장 성분별로 나누어진 각 구역에 글자(혹은 단어)를 넣어보자. 같은 글자(혹은 단어)라도 문장 내 위치에 따라 의미와 기능이 달라짐을 알 수 있어 중국어 문장의 특징을 파악할 수 있다. 아울러 우리말과 중국어를 함께 비교하면 좀 더 쉽게 양국 언어의 문장 구조를 알 수 있다.

① 우리들은 중국어를 **공부합니다.**
　　　　　　　　　　(서술어)

| 주어 | 수식어 | 서술어 | 보어 | 목적어 |
|---|---|---|---|---|
| 我们 | | 学习 | | 中文 |

▶ 我们学习中文。
- <学习>는 동사로서 서술어 역할을 한다.

② **공부는** 매우 중요합니다.
　(주어)

| 주어 | 수식어 | 서술어 | 보어 | 목적어 |
|---|---|---|---|---|
| 学习 | 很 | 重要 | | |

▶ 学习很重要。

- <学习>는 명사로서 문장 속에서 주어 위치에 나와 주어 역할을 한다.

③ 중국어는 배우기가 **매우** 어렵습니다.
　　　　　　　　부사

| 주어 | 수식어 | 서술어 | 보어 | 목적어 |
|---|---|---|---|---|
| 中文 | 很 难 | 学 | | |

▶ 中文很难学。

- <很>은 부사로서 서술어를 수식한다.

④ 비행기 표가 **매우** 비쌉니다.
　　　　　부사

| 주어 | 수식어 | 서술어 | 보어 | 목적어 |
|---|---|---|---|---|
| 机票 | | 贵 | 得 很 | |

▶ 机票贵得很。

- 예문 ④의 <很>은 상태의 정도를 나타내는 <정도보어>로 사용하였다.
- 위의 예문을 <机票很贵>라고 옮길 수도 있으나, <很>을 정도보어로 사용하면 의미가 강조된다.

 주의

예문 ③, ④의 <매우>와 <很>의 위치를 눈여겨보자. 우리말 <매우>는 모두 서술어 앞에 위치하여 부사로 사용되지만, 중국어는 상황에 따라 서술어 앞에 위치하여 부사가 되기도 하고, 서술어 뒤에 놓여 보어가 되기도 한다. **우리말의 부사를 중국어로 옮길 때는 문장의 뜻에 따라 서술어 앞에 놓을지, 보어로 표현할지를 잘 선택해야 한다.**

⑤ 유학생이 매우 **많습니다**.
　　　　　　서술어

| 주어 | 수식어 | 서술어 | 보어 | 목적어 |
|---|---|---|---|---|
| 留学生 | 很 | 多 | | |

▶ 留学生很多。
- <多>는 형용사로서 서술어 역할을 한다.

⑥ 당신들 **많이** 드세요.
　　　　　부사

| 주어 | 수식어 | 서술어 | 보어 | 목적어 |
|---|---|---|---|---|
| 你们 | 多 | 吃 | | |

▶ 你们多吃。
- <多>는 부사로서 서술어 <吃>를 수식한다.

⑦ 나는 **많이** 먹었습니다.
　　　　부사

| 주어 | 수식어 | 서술어 | 보어 | 목적어 |
|---|---|---|---|---|
| 我 |  | 吃 | 多 了 |  |

▶ 我吃多了。
- 예문 ⑦의 <多>는 동작의 결과를 나타내는 <결과보어>로 사용되었다.
- 위의 예문 ③, ④의 경우처럼 우리말의 부사를 중국어로 옮길 때 서술어 앞에 놓을지, 보어로 표현할지 잘 파악하여 결정한다.

⑧ 이 물건은 정말 **좋습니다**.
　　　　　　　　　서술어

| 주어 | 수식어 | 서술어 | 보어 | 목적어 |
|---|---|---|---|---|
| 这个东西 | 真 | 好 |  |  |

▶ 这个东西真好。
- <好>는 형용사로서 서술어 역할을 한다.

⑨ 시험 준비는 **잘** 했습니다.
　　　　　　부사

| 주어 | 수식어 | 서술어 | 보어 | 목적어 |
|---|---|---|---|---|
| 考试 |  | 准备 | 好 了 |  |

▶ 考试准备好了。
- 예문 ⑨의 <好>는 동작의 결과를 나타내는 <결과보어>로 사용되었다.

⑩ 그는 중국에 **있습니다**.
　　　　　　서술어

| 주어 | 수식어 | 서술어 | 보어 | 목적어 |
|---|---|---|---|---|
| 他 |  | 在 |  | 中国 |

▶ 他在中国。
- <在>는 동사로서 서술어 역할을 한다.

⑪ 그는 중국**에서** 법률을 공부합니다.
　　　　　　개사

| 주어 | 수식어 | 서술어 | 보어 | 목적어 |
|---|---|---|---|---|
| 他 | 在 / 中国 | 学习 |  | 法律 |

▶ 他在中国学习法律。
- <在 + 장소>는 개사 구조로서 서술어 앞에 놓여 동작을 수식한다.

⑫ 그는 공부하고 **있습니다**.
　　　　　　진행형

| 주어 | 수식어 | 서술어 | 보어 | 목적어 |
|---|---|---|---|---|
| 他 | 在 | 学习 |  |  |

▶ 他在学习呢。
- 예문 ⑫의 <在>는 부사로서 서술어 앞에 위치하여 < ~고 있다>라고 동작의 진행형을 나타낸다.

 주의

위의 <学习>, <很>, <多>, <好>, <在>는 글자는 같아도 문장 내 위치에 따라 서술어, 주어, 부사, 보어, 개사 등으로 문장 성분이 바뀌고 의미도 달라진다. **우리말 예문에서 서술어 앞에 오는 문장 성분들이 중국어 문장 속에서는 어디에 위치하는지 잘 살펴보면 작문에 도움이 된다.**

### 작문 가이드

**중국어는 글자의 위치, 어순 배열이 중요한 문법적인 역할을 한다.** 이것은 중국어 문장을 구성하는 기본적인 특징으로 작문을 할 때 항상 염두에 두어야 한다. 또한 각 문장 성분별로 5개 구역으로 나누어진 어순 배열은 우리말과 중국어의 상관관계를 알 수 있어 매우 중요하다.

## 02 우리말과 중국어의 기본 문형 이해하기

작문을 잘 하기 위해서는 우리말이 중국어와 어떤 연관이 있는지 알아볼 필요가 있다. 우리말의 문장 성분들을 아래의 중국어 배열 순서를 참고하여 나열해 보자. 우리말의 각 성분들이 중국어 문장 속에서 어디에 위치하는지 등, 상관관계를 알 수 있어 작문에 도움이 된다.

앞에서 설명한대로 중국어 문장을 <주어 부분 + 수식어 부분 + 서술어 부분 + 보어 부분 + 목적어 부분>으로 나눈다. 수식어 부분에는 <시간 명사>, <부사(부정사 포함)>, <조동사>, <개사 구조>, <地조사> 등등 서술어를 수식하는 성분이 들어가는 데, 의미 전달의 중점을 어디에 두느냐에 따라 이들의 배열 순서가 달라진다.

| 주어 | 수식어 | | | | | 서술어 | 보어 | 목적어 |
|---|---|---|---|---|---|---|---|---|
| | 시간 명사 | 부사 (부정사) | 조동사 | 개사 구조 | 地조사 | | | |

### 우리말의 기본 문형

우리말의 대다수 문장은 <무엇이 ~ 어찌어찌하다>, <무엇이 어떠어떠하다>, <무엇이 무엇을 어떻게 하다>라는 뜻을 표현하는 몇 가지 기본 문형으로 나뉜다. 우리말의 기본 문형을 중국어 문장과 비교해 보자.

## 01 주어 + 서술어(동사)

서술어가 동사인 문장으로 중국어의 <동사 술어문>과 유사하다.

① 나는 **갑니다**.
　　　　**去**

| 배열 순서 | 주어 | 수식어 | | | | 서술어 | 보어 | 목적어 |
|---|---|---|---|---|---|---|---|---|
| | | 부사 | 조동사 | 개사구조 | 地조사 | | | |
| 우리말 | 나는 | | | | | **갑니다** | | |
| 중국어 | 我 | | | | | **去** | | |

▶ 我**去**。

② 그는 **마십니다**.
　　　　**喝**

| 배열 순서 | 주어 | 수식어 | | | | 서술어 | 보어 | 목적어 |
|---|---|---|---|---|---|---|---|---|
| | | 부사 | 조동사 | 개사구조 | 地조사 | | | |
| 우리말 | 그는 | | | | | **마십니다** | | |
| 중국어 | 他 | | | | | **喝** | | |

▶ 他**喝**。

## 02 주어 + 서술어(형용사)

형용사가 서술어인 문장으로 중국어의 <형용사 술어문>과 비슷하다.

① 날씨가 **덥다**.
　　　　　热

| 배열 순서 | 주어 | 수식어 | | | | 서술어 | 보어 | 목적어 |
|---|---|---|---|---|---|---|---|---|
| | | 부사 | 조동사 | 개사구조 | 地조사 | | | |
| 우리말 | 날씨가 | | | | | 덥다 | | |
| 중국어 | 天气 | | | | | 热 | | |

▶ 天气热。

② 일이 매우 **바쁘다**.
　　　　　　忙

| 배열 순서 | 주어 | 수식어 | | | | 서술어 | 보어 | 목적어 |
|---|---|---|---|---|---|---|---|---|
| | | 부사 | 조동사 | 개사구조 | 地조사 | | | |
| 우리말 | 일이 | 매우 | | | | 바쁘다 | | |
| 중국어 | 工作 | 很 | | | | 忙 | | |

▶ 工作很忙。

**03** 주어 + 명사 + ~ 이다(서술격 조사)

우리말은 명사가 단독으로 서술어가 될 수 없어 명사 뒤에 서술격 조사 < ~ 이다>가 붙는다. 이런 문형은 명사가 서술어 역할을 하는 중국어의 <명사 술어문>과 유사하며, 상황에 따라 <是字句>로 옮길 수 있다.

① 내일은 **일요일이다**.
　　　　**星期天**

| 배열 순서 | 주어 | 수식어 | | | | 서술어 | 보어 | 목적어 |
| --- | --- | --- | --- | --- | --- | --- | --- | --- |
| | | 부사 | 조동사 | 개사구조 | 地조사 | | | |
| 우리말 | 내일은 | | | | | 일요일이다 | | |
| 중국어 | 明天 | | | | | 星期天 | | |

▶ 明天**星期天**。

② 그녀는 **중국인이다**.
　　　　**中国人**

| 배열 순서 | 주어 | 수식어 | | | | 서술어 | 보어 | 목적어 |
| --- | --- | --- | --- | --- | --- | --- | --- | --- |
| | | 부사 | 조동사 | 개사구조 | 地조사 | | | |
| 우리말 | 그녀는 | | | | | 중국인이다 | | |
| 중국어 | 她 | | | | | 中国人 | | |

▶ 她**中国人**。

- 위의 중국어 예문을 <明天**是**星期天>, <她**是**中国人>이라고 <**是字句**>로 표현할 수 있다.

## 04 주어 + 목적어 + 서술어

우리말 어순의 기초가 되는 문형이다. 목적어의 위치는 양국 언어의 특징을 대표하는 요소이다.

① 그는 **중국어를** 공부합니다.
　　　**中文**

| 배열 순서 | 주어 | 수식어 | | | | 서술어 | 보어 | 목적어 |
|---|---|---|---|---|---|---|---|---|
| | | 부사 | 조동사 | 개사구조 | 地조사 | | | |
| 우리말 | 그는 | | | | | 공부합니다 | | **중국어를** |
| 중국어 | 他 | | | | | 学习 | | **中文** |

▶ 他学习**中文**。

② 나는 **중국 영화를** 봅니다.
　　　**中国电影**

| 배열 순서 | 주어 | 수식어 | | | | 서술어 | 보어 | 목적어 |
|---|---|---|---|---|---|---|---|---|
| | | 부사 | 조동사 | 개사구조 | 地조사 | | | |
| 우리말 | 나는 | | | | | 봅니다 | | **중국 영화를** |
| 중국어 | 我 | | | | | 看 | | **中国电影** |

▶ 我看**中国电影**。

③ 선생님은 저에게 **책 한 권을** 주셨습니다.
　　　　　　　　　一本书

| 배열 순서 | 주어 | 수식어 | 서술어 | 보어 | 목적어 | |
|---|---|---|---|---|---|---|
| | | | | | 간접 목적어 | 직접 목적어 |
| 우리말 | 선생님은 | | 주셨습니다 | | 저에게 | 책 한 권을 |
| 중국어 | 老师 | | 给 | | 我 | 一本书 |

▶ 老师给我**一本书**。

④ 왕 선생님이 **한국 학생들에게 중국어를** 가르칩니다.
　　　　　　　　韩国同学　　　中文

| 배열 순서 | 주어 | 수식어 | 서술어 | 보어 | 목적어 | |
|---|---|---|---|---|---|---|
| | | | | | 간접 목적어 | 직접 목적어 |
| 우리말 | 왕 선생님이 | | 가르칩니다 | | 한국 학생들에게 | 중국어를 |
| 중국어 | 王老师 | | 教 | | 韩国同学 | 中文 |

▶ 王老师教**韩国同学中文**。

- 우리말 예문 ③, ④는 < ~~에게>라고 대상을 표시하는 조사가 목적어와 함께 서술어 앞에 온다. 중국어 예문에는 <**和**> 혹은 <**跟**> 등등 대상을 나타내는 개사가 없다. 그 이유는 <**给**>와 <**教**>가 2개의 목적어를 갖는 이중 목적어 동사이기 때문이다.
- 중국어에서 대상을 나타내는 간접 목적어와 사물을 나타내는 직접 목적어를 동시에 취할 수 있는 이중 목적어 동사로는 <**问**>, <**送**>, <**借**>, <**找**>, <**告诉**>, <**通知**> 등이 있다.

### 05 주어 + 목적어 + 부사어 + 서술어

 우리말 부사어는 서술어 앞에 위치하여 동작 또는 상태를 설명하거나, 여러 상황을 부가적으로 꾸며주는 요소이다. 부사어가 들어간 우리말을 중국어로 옮길 때 아래 세 가지 형태를 활용하면 효과적이다.

첫째, 부사어가 서술어 앞에 오는 **<수식어 + 서술어>** 형태
둘째, 부사어를 서술어 뒤로 보내 각종 보어로 표현하는 **<서술어 + 보어>** 형태
셋째, 위의 두 가지 형태를 합친 **<수식어 + 서술어 + 보어>** 형태

#### 수식어 + 서술어

① 당신 **빨리** 오세요.
　　　　　快

| 배열 순서 | 주어 | 수식어 | | | | 서술어 | 보어 | 목적어 |
|---|---|---|---|---|---|---|---|---|
| | | 부사 | 조동사 | 개사구조 | 地조사 | | | |
| 우리말 | 당신 | 빨리 | | | | 오세요 | | |
| 중국어 | 你 | 快 | | | | 来 | | |

▶ 你**快**来。

② 우리는 **북경에서** 중국어를 공부합니다.
　　　　　　　在北京

| 배열 순서 | 주어 | 수식어 | | | | 서술어 | 보어 | 목적어 |
|---|---|---|---|---|---|---|---|---|
| | | 부사 | 조동사 | 개사구조 | 地조사 | | | |
| 우리말 | 우리는 | | | 북경에서 | | 공부합니다 | | 중국어를 |
| 중국어 | 我们 | | | 在北京 | | 学习 | | 中文 |

▶ 我们**在北京**学习中文。
- <북경에서>를 개사 구조 <**在** + **北京**>으로 만들어 서술어 앞에 놓는다.

③ 그녀는 **매우 슬프게** 웁니다.
　　　 **很 伤心地**

| 배열 순서 | 주어 | 수식어 | | | | 서술어 | 보어 | 목적어 |
|---|---|---|---|---|---|---|---|---|
| | | 부사 | 조동사 | 개사 구조 | 地조사 | | | |
| 우리말 | 그녀는 | 매우 | | | 슬프게 | 웁니다 | | |
| 중국어 | 她 | 很 | | | 伤心地 | 哭 | | |

▶ 她**很伤心地**哭。
- 우리말 < ~ 게 / ~ 히> 등의 조사를 가진 부사어가 <**地조사**>에 해당되며 서술어 앞에 온다.

④ 그는 **항상 나와 중국어로** 수다를 떱니다.
　　　**总是 和我　用中文**

| 배열 순서 | 주어 | 수식어 | | | | 서술어 | 보어 | 목적어 |
|---|---|---|---|---|---|---|---|---|
| | | 부사 | 조동사 | 개사 구조 | | 地조사 | | |
| 우리말 | 그는 | 항상 | | 나와 | 중국어로 | | 떱니다 | | 수다를 |
| 중국어 | 他 | 总是 | | 和 我 | 用 中文 | | 聊 | | 天 |

▶ 他总**是和我用中文**聊天。
- <**和我**>와 <**用中文**>은 개사 구조로서 서술어 앞에 오는 데, 2개가 동시에 나올 때는 특별히 강조하는 부분이 없다면 순서에 관계 없이 나열해도 무방하다.

⑤ 아버지는 **어제 중국에서** 돌아오셨습니다.
　　　　　**昨天　从中国**

| 배열 순서 | 주어 | 수식어 | | | | 서술어 | 보어 | 목적어 |
|---|---|---|---|---|---|---|---|---|
| | | 시간 명사 | 조동사 | 개사 구조 | 地조사 | | | |
| 우리말 | 아버지는 | 어제 | | 중국에서 | | 돌아 | 오셨습니다 | |
| 중국어 | 爸爸 | 昨天 | | 从 中国 | | 回 | 来 | |

▶ 爸爸**昨天从中国**回来了。

- <중국에서>를 <**从 + 中国**>로 만들어 서술어 앞에 놓는다.
- 시간 명사는 대부분 다른 부사어보다 앞쪽에 오며, 상황에 따라 문장 맨 앞에 위치하여 문장 전체의 시제를 표현한다.

### 서술어 + 각종 보어

① 나는 **배불리** 먹었습니다.
　　　　**饱了**

| 배열 순서 | 주어 | 수식어 | | | | 서술어 | 보어 | 목적어 |
|---|---|---|---|---|---|---|---|---|
| | | 부사 | 조동사 | 개사 구조 | 地조사 | | | |
| 우리말 | 나는 | | | | | 먹었습니다 | 배불리 | |
| 중국어 | 我 | | | | | 吃 | 饱了 | |

▶ 我吃**饱了**。

- <배불리>는 동작의 결과를 나타내는 중국어의 결과보어로 표현한다.

② 옷을 **매우 깨끗이** 빨았습니다.
　　　　很　干净

| 배열<br>순서 | 주어 | 수식어 | | | | 서술어 | 보어 | 목적어 |
|---|---|---|---|---|---|---|---|---|
| | | 부사 | 조동사 | 개사 구조 | 地조사 | | | |
| 우리말 | | | | | | 빨았습니다 | 매우 깨끗이 | 옷을 |
| 중국어 | 衣服 | | | | | 洗 | 得**很干净** |  |

▶ 衣服洗得**很干净**。

- <깨끗이>는 동작을 완료한 후, 동작의 완성 정도를 나타내는 정도보어로 표현한다.
- <깨끗이>를 <地조사>로 만들어 <**衣服很干净地洗**>라고 우리말식으로 옮기지 않는다.

⚠️ 주의

　우리말 예문 ②는 특정된 주어가 없지만, 중국어는 <**衣服**>가 주어 위치에 나와 주어 역할을 한다. 중국어에서 피동의 대상이 되는 목적어가 주어 역할을 하는 문장을 <의미상의 피동문>이라고 한다. **우리말에서 특정된 주어 없이 목적어를 설명하는 동작이 부각되는 문장을 중국어로 옮길 때 <의미상의 피동문>으로 만들면 좋다.** (의미상의 피동문 77쪽 참고)

③ 나는 중국어를 **3년 동안** 배웠습니다.
　　　　　　　　　三年

| 배열<br>순서 | 주어 | 수식어 | | | | 서술어 | 보어 | 목적어 |
|---|---|---|---|---|---|---|---|---|
| | | 부사 | 조동사 | 개사 구조 | 地조사 | | | |
| 우리말 | 나는 | | | | | 배웠습니다 | 3년 동안 | 중국어를 |
| 중국어 | 我 | | | | | 学了 | 三年 | 中文 |

▶ 我学了**三年**中文。

- <3년>은 동작의 시간적인 양을 나타내는 시량보어로 표현한다.
- 위의 예문을 <我学中文学了**三年**>이라고 표현할 수 있다.

④ 나는 이 영화를 **두 번** 보았습니다.
　　　　　　　　**两遍**

| 배열 순서 | 주어 | 수식어 | | | | 서술어 | 보어 | 목적어 |
|---|---|---|---|---|---|---|---|---|
| | | 부사 | 조동사 | 개사 구조 | 地조사 | | | |
| 우리말 | 나는 | | | | | 보았습니다 | 두 번 | 이 영화를 |
| 중국어 | 我 | | | | | 看了 | 两遍 | 这部电影 |

▶ 我看了**两遍**这部电影。
- <두 번>은 동작의 횟수를 나타내는 동량보어로 표현한다.

⑤ 그녀는 중국어를 **매우 유창하게** 말합니다.
　　　　　　　　**非常　流利**

| 배열 순서 | 주어 | 수식어 | | | | 서술어 | | | 보어 |
|---|---|---|---|---|---|---|---|---|---|
| | | 부사 | 조동사 | 개사 구조 | 地조사 | 동사 | 목적어 | 동사 | |
| 우리말 | 그녀는 | | | | | | 중국어를 | 말합니다 | 매우 유창하게 |
| 중국어 | 她 | | | | | 说 | 中文 | 说得 | 非常流利 |

▶ 她说中文说得**非常流利**。
- <매우 유창하게>를 우리말식으로 <地조사>로 바꿔 <她**非常流利地**说中文>이라고 옮길 수도 있지만, 정도보어로 표현하는 게 자연스럽다.
- 보어는 대부분 서술어 뒤에 붙기 때문에 <说中文**说得非常流利**>, <中文**说得非常流利**>라고 해야 한다. <说中文非常流利>는 잘못된 문장이니 주의한다.

**수식어 + 서술어 + 보어**

① 여동생은 **매우 슬프게 한바탕** 울었습니다.
　　　　　很　伤心地　一阵

| 배열<br>순서 | 주어 | 수식어 | | | | 서술어 | 보어 | 목적어 |
|---|---|---|---|---|---|---|---|---|
| | | 부사 | 조동사 | 개사<br>구조 | 地조사 | | | |
| 우리말 | 여동생은 | 매우 | | | 슬프게 | 울었습니다 | 한바탕 | |
| 중국어 | 妹妹 | 很 | | | 伤心地 | 哭了 | 一阵 | |

▶ 妹妹**很**伤心地哭了**一阵**。

- <매우 슬프게>는 수식어로 서술어 앞에 오고, <한바탕>은 동량보어로 표현한다.


② 형은 **나보다 세 살** 많습니다.
　　　　比我　三岁

| 배열<br>순서 | 주어 | 수식어 | | | | 서술어 | 보어 | 목적어 |
|---|---|---|---|---|---|---|---|---|
| | | 부사 | 조동사 | 개사<br>구조 | 地조사 | | | |
| 우리말 | 형은 | | | 나보다 | | 많습니다 | 세 살 | |
| 중국어 | 哥哥 | | | 比我 | | 大 | 三岁 | |

▶ 哥哥**比我**大**三岁**。

- <나보다>는 비교급을 나타내는 개사 구조로서 서술어 앞에 오고, <세 살>은 수량보어로 표현한다.

③ 그는 **농민들과 함께 늑대를 때려 죽였다**.
　　和农民 一起 把狼 打 死

| 배열<br>순서 | 주어 | 수식어 | | | | 서술어 | 보어 | 목적어 |
|---|---|---|---|---|---|---|---|---|
| | | 개사 구조 | 부사 | 개사 구조 | 地조사 | | | |
| 우리말 | 그는 | 농민들과 | 함께 | 늑대를 | | 때려 | 죽였다 | |
| 중국어 | 他 | 和 农民 | 一起 | 把 狼 | | 打 | 死 | |

▶ 他**和农民一起把狼**打**死**了。

- <농민들과>, <함께>, <늑대를>은 수식어로 서술어 앞에 오고, <때려 죽였다>는 결과보어로 표현한다.

### ⚠️ 주의

예문 ③의 <**把字句**>는 <누가 무엇을 ~~ 어찌어찌하다>라고 목적어에 대한 동작을 구체적으로 묘사하는 문장으로 우리말 어순 <**주어 + 목적어 + 부사어 + 서술어**>와 비슷하다. <**把字句**>를 이용하여 문장을 만들 때는 목적어를 서술어 앞으로 옮긴 후 동사 뒤에 각종 보어 및 부가 성분(**了, 着, 过** 등)을 첨가하여 동작을 상세히 표현해야 한다. 아래의 예문을 통해 <**把字句**> 문장을 좀 더 알아본다.

④ 나는 꽃병을 **깨뜨렸습니다**.
　　　　　　打破 + 了

| 배열<br>순서 | 주어 | 수식어 | | | | 서술어 | 보어 | 목적어 |
|---|---|---|---|---|---|---|---|---|
| | | 부사 | 조동사 | 개사 구조 | 地조사 | | | |
| 우리말 | 나는 | | | 꽃병을 | | 깨뜨렸습니다 | | |
| 중국어 | 我 | | | 把 花瓶 | | 打 | 破 | 了 |

▶ 我**把花瓶打破**了。

- 위의 중국어 예문을 <我打破了花瓶>으로 한다면 동작의 대상인 <꽃병>이 두드러지지만, <把字句>로 만들면 <깨뜨리다>라는 동작이 부각된다.

⑤ 당신은 **아이를 빨리 데려오세요**.
  把孩子 快　接回来

| 배열 순서 | 주어 | 수식어 | | | | 서술어 | 보어 | 목적어 |
|---|---|---|---|---|---|---|---|---|
| | | 부사 | 조동사 | 개사 구조 | 地조사 | | | |
| 우리말 | 당신은 | 빨리 | | 아이를 | | 데려 | 오세요 | |
| 중국어 | 你 | 快 | | 把 孩子 | | 接 | 回来 | |

▶ 你**快**把孩子**接回来**吧。
- <데려오세요>는 동사 <接> 뒤에 방향보어 <回来>를 덧붙여 표현한다.

⑥ 동생은 **이번 주 숙제를 모두 다 했습니다**.
  把这周的作业　都　写完

| 배열 순서 | 주어 | 수식어 | | | | 서술어 | 보어 | 목적어 |
|---|---|---|---|---|---|---|---|---|
| | | 조동사 | 개사 구조 | 부사 | 地조사 | | | |
| 우리말 | 동생은 | | 이번 주 숙제를 | 모두 | | 했습니다 | 다 | |
| 중국어 | | | 把 这周的作业 | 都 | | 写 | 完 | |

▶ 弟弟**把这周的作业**都**写完**了。
- <다 했습니다>는 <写完>으로 결과보어로 표현한다.

⑦ 나는 오늘 **할머니를 병원에 모셔다 드렸습니다**.
　　　　　**把奶奶　　　送到医院**

| 배열 순서 | 주어 | 수식어 | | | | 서술어 | 보어 | 목적어 |
|---|---|---|---|---|---|---|---|---|
| | | 시간 명사 | 조동사 | 개사 구조 | 地조사 | | | |
| 우리말 | 나는 | 오늘 | | **할머니를** | | 모셔다 드렸습니다 | 병원에 | |
| 중국어 | 我 | 今天 | | **把 奶奶** | | 送 | 到 医院 | |

▶ 我今天**把奶奶送到医院**了。
- <모셔다 드렸습니다>는 동사 <**送** + **到医院**>으로 결과보어로 표현한다.

⑧ 당신은 **나와 함께 천천히 본문을** 읽어봅시다.
　　　　　**跟我 一起 慢慢地 把课文　读 一下**

| 배열 순서 | 주어 | 수식어 | | | | 서술어 | 보어 | 목적어 |
|---|---|---|---|---|---|---|---|---|
| | | 개사 구조 | 부사 | 개사 구조 | 地조사 | | | |
| 우리말 | 당신은 | **나와** | **함께** | **본문을** | **천천히** | 읽어봅시다 | | |
| 중국어 | 你 | **跟 我** | **一起** | **把 课文** | **慢慢地** | 读 | **一下** | |

▶ 你**跟我一起把课文慢慢地**读**一下**。
- 중국어는 <地조사>가 서술어 앞에 오는 걸 제외하면, 수식어 부분에서 개사 구조와 부사의 위치는 다소 유동적이다.
- 위의 예문을 <你**把课文跟我一起慢慢地**读一下>라고 작문해도 된다.

 주의

우리말의 부사어에 해당되는 문장 성분들을 중국어로 옮길 때 **부사어를 서술어 앞에 놓을지, 보어로 표현할지 잘 구분해야 한다.** 우리말이 주어의 상황에 맞춰 서술되는 특징이 있다면, 중국어는 동작의 변화에 초점을 맞춰

설명하는 경우가 많다. 그래서 서술어 뒤에 각종 보어를 첨가하여 표현해야 자연스러운 문장이 된다. 하지만 중국어의 보어는 우리말의 관점에서 보면 부사어로 해석되는 경우가 많아 작문할 때 활용하기가 쉽지 않다.

또한 우리는 부사어가 서술어 앞에 오는 문형에 익숙하여 서술어 뒤에 부가 성분이 붙는 중국어의 보어 용법이 낯설게 느껴진다. 이로 인해 우리나라 일부 학습자들이 보어 용법으로 표현해야 할 문장을 <수식어 + 서술어> 형태로 작문하는 경우가 많다는 연구 결과도 있다.

## 06 주어1 + 서술어(주어2 + 서술어)

예를 들어, <기린은 목이 길다>에서 하나의 서술어(길다)에 두 개의 주어 (기린, 목)가 대응하는 문장을 우리말은 **<이중주어문>** 혹은 **<겹주어문>**이라고 한다. 이런 문형은 중국어의 <주술술어문>과 유사하며, 서술어 부분이 <주어2 + 서술어>로 구성된다. **<이중주어문>을 중국어로 옮길 때는 2개의 주어를 범위가 큰 순서대로 나열한다.**

① <u>그는 성격이</u> 명랑하다.
　　他　性格

| 배열 순서 | 주어1 | 서술어 | |
|---|---|---|---|
| | | 주어2 | 서술어 |
| 우리말 | 그는 | **성격이** | **명랑하다** |
| 중국어 | 他 | **性格** | **开朗** |

▶ **他性格**开朗。


② <u>오늘 날씨가</u> 그다지 좋지 않다.
　　今天　天气

| 배열 순서 | 주어1 | 서술어 | |
|---|---|---|---|
| | | 주어2 | 서술어 |
| 우리말 | 오늘 | 날씨가 | 그다지 좋지 않다 |
| 중국어 | 今天 | **天气** | **不太 好** |

▶ **今天天气**不太好。

③ **우리 학교에는 중국 유학생이** 매우 많습니다.
   我们    学校    中国 留学生

| 배열 순서 | 주어1 | 서술어 ||
|---|---|---|---|
|  |  | 주어2 | 서술어 |
| 우리말 | 우리 학교에는 | 중국 유학생이 | 매우 많습니다 |
| 중국어 | 我们学校 | 中国留学生 | 很 多 |

▶ **我们学校中国留学生**很多。
• <우리 학교>, <중국 유학생> 순으로 범위가 큰 순서대로 나열한다.

## 07 주어 + 보어 + 서술어

우리말의 보어는 서술어의 부족함을 보완해 주는 성분이다. 일반적으로 <~ 되다 / ~ 아니다> 앞에 오는 성분만을 보어로 간주하며, 나머지는 부사어에 해당된다. 이런 이유로 우리말 보어는 중국어의 <보어>와는 명칭만 같을 뿐 쓰임새가 다르다.

① 물이 **얼음이 되다**.
   **结** + **成** + 冰

▶ 水**结成**冰了。
• < ~~이 되다>라는 서술어를 보완해 주는 <**얼음**>이 보어이다. 중국어로는 서술어 부분을 결과보어 <**동사** + **成**>으로 옮길 수 있다.

② 형은 **중국어 선생님이 되었습니다**.
　　　**成为** + 一名中文老师

▶ 哥哥**成为**了一名中文老师。
- <**중국어 선생님**>이 보어이며, < ~~이 되었습니다>는 결과보어 <**동사** + **为**>로 표현한다.
- 예문 ①, ②에서 볼 수 있듯이 우리말의 < ~~ 되다>는 대부분 <동사 + 보어> 형태로 옮길 수 있다.

③ 그는 **일본 사람이 아니다**.
　　　**不是** + 日本人

▶ 他不是日本人。
- <**일본 사람**>이 보어이며, < ~~ 아니다>는 중국어의 <是字句>의 부정형을 이용하여 옮길 수 있다.

### 작문 가이드

　우리말의 기본 문형을 중국어로 어떻게 옮겨야 하는지를 잘 이해해야 한다. 본격적으로 작문을 하기 전에 **조사로 파악된 우리말의 각 문장 성분을 중국어 문장의 기본 틀인 <주어 + 수식어 + 서술어 + 보어 + 목적어>에 넣어보는 연습을 해보자**. 중국어 문장의 구조를 좀 더 쉽게 이해할 수 있어 작문에 도움이 된다.

chapter 02

# 우리말 서술어는 중국어 작문의 키워드

우리말 서술어에는 여러 상황을 표현하는 요소들이 포함되어 있다. 중국어로 옮길 때 반드시 눈여겨봐야 할 부분으로 작문의 키워드라고 할 수 있다.

- **01** 시제 관련 표현
- **02** 의지, 희망, 능력, 추측 관련 표현
- **03** 피동형 표현
- **04** 사역형 표현

우리말의 서술어는 문장 끝에 위치하여 각종 시제, 긍정, 부정, 의문, 피동형 및 사역형 등 많은 의미를 담고 있는 핵심적인 성분이다. 우리말을 중국어로 옮길 때 먼저 서술어에 담긴 의미를 잘 파악해야 한다.

▶ 아래는 우리말 서술어로 표현되는 여러 상황을 중국어로 옮긴 것이다.

| 내 용 | 우리말 | | | 중국어 | | | | |
| --- | --- | --- | --- | --- | --- | --- | --- | --- |
| | 주어 | 목적어 | 서술어 | 주어 | 수식어 | 서술어 | 보어 | 목적어 |
| 현재 | 그가 | 책을 | 사다 | 他 | | 买 | | 书 |
| 과거 | 그가 | 책을 | 샀다 | 他 | | 买了 | | 书 |
| 진행 | 그가 | 책을 | 사고 있다 | 他 | 在 | 买 | | 书 |
| 부정 | 그가 | 책을 | 사지 않는다 | 他 | 不 | 买 | | 书 |
| 의문 | 그가 | 책을 | 삽니까? | 他 | | 买 | | 书/吗? |
| 의지 | 그가 | 책을 | 사려고 한다 | 他 | 要 | 买 | | 书 |
| 가정, 조건 | 그가 | 책을 | 산다면 | 如果/他 | | 买 | | 书 |
| 사역 | 그가 | 책을 | 사게 하다 | | 让 他 | 买 | | 书 |

※ 우리말은 서술어에 여러 의미와 문법을 나타내는 어미가 붙어 상황을 설명한다면, 중국어는 글자의 형태 변화가 없어 각 상황과 문법에 맞는 부가 성분을 첨가하여 표현한다.

# 시제 관련 표현    01

우리말은 과거, 현재, 미래 등 시제와 관련된 표현은 서술어에 〈 ~았다 / ~었다 / ~였다〉, 〈 ~적 있다〉, 〈 ~고 있다〉, 〈 ~겠다〉 등을 붙여 표현한다. 반면 중국어는 시제와 관련된 표현을 주로 시간과 관련된 명사 혹은 부사, 시태 조사, 일부 조동사 등을 활용하여 나타낸다.

### 01 시간 명사를 이용하는 방법

대부분 우리말 예문에 나와 있는 시간 명사를 중국어로 옮겨 시제를 표현할 수 있다. **중국어의 시간 명사는 일반적으로 문장 맨 앞 혹은 주어 뒤에 오며, 시제별로 부가 성분(了, 过, 着, 呢 등)이 붙기도 한다.**

**예문**

① 나는 **어제** 친구와 함께 영화를 **봤습니다**.
　　**昨天**　　　　　　　　　（과거）
▶ **昨天**我和朋友一起看电影了。

② **오늘**은 내가 첫 출근하는 **날입니다**.
　　**今天**　　　　　　　　（현재）
▶ **今天**是我上班的第一天。

会议 huìyì
회의

③ **내일** 오후 3시에 회의가 **있습니다**.
　　明天　　　　　　　　　（예정）

▶**明天**下午三点有会议。

类似 lèisì
유사하다

④ 당신은 **이전**에 이와 비슷한 일을 **해본 적이 있습니까**?
　　　　以前　　　　　　　　　（과거 경험）

▶你**以前**有没有做**过**类似的工作?

- 동사 뒤에 <**过**>를 붙여 과거 경험을 표현한다. <비슷한 일>은 <**类似的工作**>로 옮긴다.

经济 jīngjì
경제

⑤ **현재** 미국의 경제 상황은 **어떻습니까**?
　　现在　　　　　　　　　（현재 상황）

▶**现在**美国的经济情况怎么样?

⑥ 그는 **다음 달**부터 이 일을 **시작할 겁니다**.
　　　　下个月　　　　　　　　（미래）

▶他从**下个月**开始做这件事。

- <**开始**>는 뒤에 동사를 갖는 특징이 있어 <**开始** + **做**>라고 표현한다.

⑦ **앞으로** 저는 다시는 술을 마시지 **않겠습니다**.
　　以后　　　　　　　　　　（미래 의지）

▶**以后**我再也不喝酒了。

- <다시는 ~~ 하지 않겠다>라는 미래의 의지 표현은 <**再也不** ~~ >이다.
- 비슷한 표현인 <**不再** ~~ >보다 어감이 강하다.

⑧ 이 도시는 **60년대**에 **건설되었습니다**.
　　　　**60年代**　　　（과거）

▶ 这个城市是**六十年代**建成的。
- <**六十年代**>처럼 특정한 시기로 시제를 표현할 수 있다.

建成 jiànchéng
건설하다

⑨ 어머니는 매일 **아침 6시**에 **일어나십니다**.
　　　　　　　**早上六点**　（일상의 반복）

▶ 妈妈每天**早上六点**起床。
- <**早上六点**>처럼 구체적인 시간으로 일상의 반복적인 행위를 표현한다.

⑩ 내가 그 일을 끝냈**을 때** 선생님이 **들어오셨습니다**.
　　　　　　　**~ 的时候**　　　　　（과거）

▶ 我结束那件事**的时候**, 老师进来了。
- <**~的时候**>는 구체적인 시제를 나타내진 않지만, 동작이 일어나는 당시의 시제를 표현한다.

结束 jiéshù
마무리하다,
끝내다

## 02 시간 부사를 이용하는 방법

시제과 연관된 부사를 이용하여 문장의 시제를 표현하는 데, 다른 부가 성분(了, 过, 着, 呢 등)과 함께 사용하기도 한다.

### 예문
① 형은 **전에** 중국에서 2년을 **산 적이 있습니다**.
　　　**曾经**　　　　　　　　（과거 경험）

▶ 哥哥**曾经**在中国住过两年。

chapter 02. 우리말 서술어는 중국어 작문의 키워드　**047**

翻译 fānyì
번역하다

- <과거에 ~~ 한 적 있다>라는 표현은 <**曾经** + 동사 + **过**> 형태로 하며, 과거의 동작 혹은 상황이 이미 끝났음을 나타낸다.
- 동사 뒤에 <**过**>를 붙여 사용하는 경우가 많다.

② 장 선생님은 그 교재를 이미 영어로 **번역하셨습니다**.
       已经    (과거)

▶张老师**已经**把那个教材翻译成英文**了**。

- <**已经**>은 어떤 동작이 이미 완료되었음을 나타내며, 주로 <**了**>와 함께 사용한다.

③ 나는 지금까지 영어 소설을 읽어**본 적이 없습니다**.
    从来     (과거 경험)

▶我**从来**没看**过**英文小说。

- <지금까지 ~~ 하지 않았다>는 <**从来**>로 표현하며 주로 부정문에 많이 쓰인다.
- 동사 뒤에 <**过**>를 붙여 사용하기도 한다.

④ 어머니는 빨래를 하고 **계십니다**.
       在 (현재 진행)

▶妈妈**在**洗衣服呢。

- < ~~고 있다>라는 진행형은 <**在** + 동사>의 형태로 표현한다.
- 문장 끝에 <**呢**>를 붙여 사용할 수 있다.

⑤ 그는 시간이 나면 자주 도서관에 **갑니다**.
      常常  (일상의 반복)

▶她有空就**常常**去图书馆。

- <자주>는 어떤 동작이 과거와 현재에 이르러 여러 차례 반복적으로 일어나는 걸 뜻하여 <**常常**>으로 표현한다.
- < ~~면>이라는 조건 혹은 가정은 <**就**>로 나타낸다.

⑥ 잠깐만 기다리세요, 제가 **곧** **가겠습니다**.
　　　　　　　　　　　马上 (임박형)

▶您等一会, 我**马上**就来。
- <곧, 바로>는 가까운 미래(임박형)를 나타내며 <**马上**>으로 표현한다.

⑦ 당신은 **언제든지** 우리 집에 **놀러오세요**.
　　　　　随时　　　　　　(미래)

▶你**随时**来我家玩吧。
- <**随时**>는 언제든지, 아무 때나 등을 나타낸다.

随时 suíshí
언제든지

⑧ 아버지는 **항상** **바쁘십니다**.
　　　　　总是　(현재)

▶爸爸**总是**很忙。
- 언제나, 늘 등 과거와 현재의 일관된 상황을 표현할 때는 <**总是**>로 표현한다.

⑨ 당신은 **먼저** 식사를 하고나서 공부를 **하세요**.
　　　　　先　　　　　　　　(미래)

▶你**先**吃饭, **再**学习吧。
- <먼저 ~~ 하고 나서 ~~ 하다>라고 현재의 동작과 미래의 동작을 순차적으로 표현할 때는 <**先**~~, **再**~~ >의 형태로 옮긴다.

⑩ 그가 이렇게 근면하고 열심히 공부하는 데,
**조만간** 반드시 큰 인물이 **될 것입니다**.
　**早晚**　　　　　　　　(미래 추측)

勤奋 qínfèn
부지런하다

大器 dàqì
대단한 재능을
가진 큰 인물

▶他如此勤奋好学, **早晚**必成大器。
- <조만간>은 가까운 미래(임박형)를 의미하여 <**早晚**>으로 표현한다.

### 03 <了, 着, 过, 呢>를 이용하는 방법

　동사 뒤 혹은 문장 끝에 시태조사 <了, 着, 过, 呢>를 놓아 시제를 표현한다.

**예문**

① 나는 노점상에서 사과 한 근을 **샀습니다**.
　　　　　　　　　　　　　　　买 + 了

摊子 tānzi
노점상

▶我在摊子**买了**一斤苹果。

② 나는 학교 입구에서 그녀를 오랫동안 **기다렸습니다**.
　　　　　　　　　　　　　　　等 + 了

▶我在学校门口等她**等了**很久。

③ 그는 강물로 뛰어들어 그 아이를 **구해냈습니다**.
　　　　　　　　　　　　　　　救出 + 了

跳 tiào
뛰어오르다,
뛰어들다

▶他跳到河里**救出了**那个小孩。
- 예문 ①, ②, ③은 동사 뒤에 <了>를 붙여 과거 시제를 표현한다.

④ 어머니는 밥을 **하고 계십니다**.
　　　　　　　　做 + 着

▶ 妈妈**做着**饭**呢**。

⑤ 지금 밖에는 비가 **내리고 있습니다**.
　　　　　　　　下 + 着 ~ + 呢

▶ 外边**下着**雨**呢**。

⑥ 나는 어머니와 함께 만두를 <u>빚고 있습니다</u>.
　　　　　　　　　　　　　包 + 着

▶ 我**正在**和妈妈**包着**饺子**呢**。

- 예문 ④, ⑤는 동사 뒤에 <着>를 붙여 진행형을 나타내며, 예문 ⑥은 시간 부사 <正在>를 <着>와 함께 사용하여 진행형을 표현한다.
- 문장 끝에 <呢>를 붙여 진행형을 강조하기도 한다.

⑦ 그들은 모두 <u>서서</u> 야구 경기를 <u>보고 있습니다</u>.
　　　　　　　站着

▶ 他们都**站着**看棒球比赛。

- <**동사** + **着**>는 동작의 진행 외에도 동작의 방식, 수단 등을 나타낸다. 위의 예문은 <경기를 서서 본다>라는 뜻으로 동작의 방식을 설명한다.
- 동작이 완료된 후 <~고 있다>라고 상태의 지속을 표현할 때도 <**동사** + **着**>를 사용한다.

棒球 bàngqiú
야구

⑧ 죄송하지만, 그는 **통화중입니다**.

打电话 + 呢

▶对不起, 他**在打电话呢**。

- 동사 앞에 <在>를 붙여 < ~~ 고 있다>라고 진행형을 나타내며, 문장 끝에 <呢>를 붙일 수 있다.

⑨ 나는 한 번도 프랑스 요리를 **먹어본 적이 없습니다**.

没 + 吃 + 过

▶我一次也没**吃过**法国菜。

⑩ 나는 전에 북경에서 **유학을 한 적이 있습니다**.

留 + 过 + 学

▶我曾经在北京**留过**学。

- < ~~ 한 적 있다>라는 과거 경험은 동사 뒤에 <过>를 붙여 표현한다.
- <留学>는 이합사(离合词)로서 <留 + 过 + 学>로 표현해야 한다.

## 04 과거 표현에서 <了>를 쓰지 않는 경우

우리말 예문에는 과거를 나타내는 서술형 어미가 있지만, 중국어로 옮길 때 <了>를 쓰지 않아도 되거나, 쓰면 안 되는 경우도 있으니 주의한다.

### 예문
① 그는 **어제** 책 몇 권을 **샀습니다**.
　　　　　　　　　　买

▶ 他昨天买(了)几本书。

② 나는 **작년**에 중국의 여러 곳을 **돌아다녔습니다**.
　　　　　　　　　　　　　　　　跑

▶ 我去年跑(了)中国不少地方。
- 예문 ①, ②에서 <昨天>, <去年>이 이미 과거를 나타내고 있어 <了>는 생략해도 된다.

③ 그는 거의 **매일** 도서관에 **갔습니다**.
　　　　　　　　　　　　　　去

▶ 他几乎每天都去了图书馆。( X )
- <거의>는 예외 없이 일관된 행동임을 나타내기에 <**几乎**>와 <**都**>로 표현하며, 일관된 행위를 표현할 때는 <了>를 쓸 수 없다.

几乎 jīhū
거의

④ 그녀는 **대학에 다닐 때부터** 줄곧 중국어를 **공부했습니다**.
　　　　　　　　　　　　　　　　　　　　　　学习

▶她从上大学开始一直学习了中文。( X )

⑤ 선생님은 **언제나** 열정적으로 저를 **도와주셨습니다**.
　　　　　　　　　　　　　　　　　　　　帮助

帮助 bāngzhù
돕다

▶老师总是热情地帮助了我。( X )

⑥ 저의 아내는 **결혼 전에는** 나를 오빠라고 **불렀습니다**.
　　　　　　　　　　　　　　　　　　　　　叫

▶我妻子在结婚前叫我哥哥了。( X )

⑦ 나는 **북경에서 유학할 때** 매일 중국어 뉴스를 **들었습니다**.
　　　　　　　　　　　　　　　　　　　　　　听

新闻 xīnwén
뉴스

▶我在北京留学的时候, 每天听了中文新闻。( X )

• 예문 ④, ⑤, ⑥, ⑦은 과거의 습관적인 동작을 나타낸 것으로 <了>를 쓰지 않는다.

⑧ 재작년에 **북경에 갔을 때** 날씨가 정말 **좋았습니다**.
　　　　　　　　　　　　　　　　　　　　好

▶前年我去北京的时候, 天气真好了。( X )

• <좋았습니다>라고 과거를 나타내는 서술형 어미가 있으나, 이것은 과거의 상태를 표현하는 것으로 <了>를 붙이지 않는다.

⑨ 그는 일본 영화를 **본 적이 없습니다**.
　　　　　　　　　没 + 看 + 过

▶ 他没看过了日本电影。( X )
- 예문 ⑨는 과거 시제를 <没>로 부정한 경우로서 <了>는 사용할 수 없다.

⑩ 나는 내일 아침에 **출발하기로 결정했습니다**.
　　　　　　　　　决定 + 明天早上出发

▶ 我决定了明天早上出发。( X )
- <同意>, <决定>, <答应>, <发现> 등 일부 동사 뒤에 <동사 + 목적어>로 구성된 절이 목적어로 올 때는 <了>를 붙이지 않는다.

出发 chūfā
출발하다

### 작문 가이드

우리말 서술어에 < ~았다 / ~었다 / ~였다> 등이 붙어 과거를 나타내면 동사 뒤 혹은 문장 뒤에 <了>를 무의식적으로 붙이는 경우가 있는 데 주의한다. **전체 문장의 뜻을 잘 파악한 후 <了>를 사용한다.**

## 05 조동사를 이용하는 방법

< ~~ 을 것이다>, < ~~ 겠다> 등등 추측 또는 미래를 나타내는 서술형 어미는 일부 조동사로 표현할 수 있다. 특히 <要>는 < ~~하겠다>라고 말하는 사람의 의지를 나타내는 경우가 있는데, 이런 의지의 표현이 미래의 시제를 나타내기도 한다.

### 예문

① 조금 있으면 당신은 정확한 소식을 들을 **수 있을 것이다**.
　　　　　　　　　　　　　　　　会 + 听到 + 的

▶ 不久你就**会**听到确实消息**的**。

- < ~~을 것이다>라는 추측은 <会 ~~ 的> 형식으로 표현하는데, <的>는 추측에 대한 강한 어감을 나타낸다.

不久 bùjiǔ
머지않아, 곧
确实 quèshí
확실한

② 나는 고향을 한 번 갔다 와야**겠습니다**.
　　　　　　　　　要 + 去

▶ 我**要**去一趟老家。

- <要>는 < ~ 해야 한다>라는 의지의 표현으로 미래 시제를 포함한다.
- <갔다 오다>라는 동작의 왕복은 <**一趟**>으로 나타낸다.

趟 tàng
동작의 차례,
번 등을
나타내는 양사
老家 lǎojiā
고향

③ 날이 **어두어지려고** 합니다, 빨리 돌아갑시다.
　　　就要 + 黑 + 了

▶ 天**就要**黑**了**, 我们快回去吧。

④ 그가 다음 달에 **결혼을 하는 데**, 어떤 선물이 좋을까요?
　　　　　　　　将要 + 结婚

▶ 她**将要**结婚, 送她什么礼物才好呢?

⑤ **곧 여름 방학**인데, 당신은 무엇을 할 계획인가요?
　**快要** + 放暑假

▶ 快要放暑假了 你打算做什么?

- 예문 ③, ④, ⑤는 <곧 ~~ 할 것이다>라는 임박형 표현으로 가까운 미래를 나타낸다.
- 임박형는 <**就要** ~~ **了**>, <**快要** ~~ **了**>, <**将要** ~~ **了**> 등으로 표현할 수 있다.

礼物 lǐwù
선물

暑假 shǔjià
여름방학

## 06 <동사 + 着 / 동사 + 在>를 이용하여 상태의 지속을 나타내는 방법

동작이 완료된 후, <~고 있다>라는 상태의 지속을 표현한다.

| 우리말 | ~고 있다 |
|---|---|
| 중국어 | 동사 + **着** / 동사 + **在** + 장소 |

**예문**

① 창문은 줄곧 **열려 있습니다**.

　　　　开 + **着**

▶ 窗户一直开**着**。

② 그녀는 빨간 색 치마를 **입고 있습니다**.

　　　　穿 + **着**

(치마를 입은 상태의 지속을 나타낸다)

▶ 她穿**着**红色的裙子。

- <창문이 열려 있다>, <치마를 입고 있다>는 모두 상태의

지속을 나타낸다.

- 두 예문을 동작의 진행으로 나타낸다면 <그가 창문을 열고 있다 → 他**正开着**窗户**呢**>, <그녀가 빨간 색 치마를 입고 있다 → 她**正穿着**红色的裙子**呢**>라고 표현해야 한다.

③ 그의 가족 사진이 벽에 **걸려 있습니다**.

挂 + 在 + 墙上

全家福 quánjiāfú
가족 사진

▶ 他的全家福挂**在**墙上。

- <**동사** + **在** + **장소**>는 그 자체가 상태의 지속을 나타내며, <**동사** + **着**>로 표현하지 않는다. 위의 예문을 <他的全家福挂**着**在墙上>이라고 하지 않으니 주의한다.

④ 학생 몇 명이 장 선생님 옆에 **앉아 있습니다**.

坐 + 在 + 旁边

▶ 几个学生坐**在**张老师的旁边。

⑤ 그의 핸드폰이 책상 위에 **놓여 있습니다**.

放 + 在 + 桌子上

手机 shǒujī
휴대전화

▶ 他的手机放**在**桌子上。

 주의

중국어에서 <**在**>로 장소를 표현할 때 함께 사용되는 방위사 <**里**>, <**上**>, <**下**> 등은 주의해야할 부분이 있다. <**在**> 뒤에 어떤 성질의 명사가 오느냐에 따라 방위사를 쓰기도 하고 생략하기도 한다. 아래의 몇 가지 경우를 잘 살펴보자.

| 在 + **장소 명사** + 방위사 | 장소 명사일 경우 방위사를 쓰거나 생략해도 된다 |

⑥ 우리는 **공원에서** 커피를 마십니다.

　　　在 + **公园** + (里)

▶ 我们在**公园**(里)喝咖啡。

⑦ 그녀는 **카페에서** 나를 기다립니다.

　　　在 + **咖啡厅** + (里)

▶ 她在**咖啡厅**(里)等着我。

咖啡厅
kāfēitīng
카페

| 在 + **일반 명사** + 방위사 | 일반 명사일 경우 방위사를 반드시 써야 된다. |

⑧ 아버지는 신문을 **테이블 위에** 놓으셨다.

　　　在 + **桌子** + **上**

▶ 爸爸把报纸放在**桌子上**了。

⑨ 그는 자신의 이름을 **노트 위에** 적었습니다.

　　　写 + **本子** + **上**

▶ 他把自己的名字写在**本子上**了。

| 在 + **고유 명사** | 고유 명사(지명 혹은 국명)일 경우 방위사를 쓰지 않는다 |

⑩ 나는 **중국에서** 일합니다.

　　　在 + **中国**

▶ 我在**中国**工作。

chapter 02. 우리말 서술어는 중국어 작문의 키워드　**059**

> **작문 가이드**

중국어로 장소를 나타내는 방법은 <**在** + 장소>로 간단하지만, 뒤에 <**里**>, <**上**>, <**下**> 등 방위사를 붙이거나 빼는 것이 의외로 까다롭다. 특히 <동사 + **在** + 명사 + 방위사> 형태로 문장을 만들 때 방위사 사용에 주의해야 한다.

## 07 <동사 + 着>로 여러 동작을 표현하는 방법

우리말에서 < ~~ 면서 ~~ 하다>라고 여러 동작을 동시에 실행하는 진행형을 표현할 때 <**동사** + **着**>를 사용한다. 이런 형태는 한 문장 속에 동사가 두 개 이상 나오는 <연동문(连动句)>에서 자주 볼 수 있다. (연동문 94쪽 참고)

| 우리말 | ~ 면서 ~ 하다 / ~ 고 ~ 하다 |
|---|---|
| 중국어 | 동사① + **着** ~~ 동사② |

### 예문

① 나는 카페에서 **음악을 들으면서** 숙제를 합니다.
　　　　　　　　　听 + **着** + 音乐

▶ 我在咖啡厅听**着**音乐写作业。


② 그들은 모두 **누워서** 영화를 보고 있습니다.
　　　　　　　躺 + **着**

▶ 他们都躺**着**看电影。

躺 tǎng
눕다

③ 그녀는 **고개를 숙인 채** 한 마디도 하지 않습니다.
　　　　　　低 + **着** + 头

▶ 她低**着**头一句话都不说。

低头 dītóu
고개를 숙이다

④ 엄마는 그것을 **손에 들고** 무게를 헤아렸습니다.
   拿 + 着

▶ 妈妈把它拿着掂了掂分量。

- 위의 예문에서 <听着>, <躺着>, <低着>, <拿着> 등은 모두 뒤 동작에 대한 방식을 설명하며 진행형을 나타낸다.

掂 diān
손에 들고 무게를
어림짐작하다

分量 fènliang
무게

### 작문 가이드

우리말의 시제는 대부분 서술 어미에 나타나기 때문에 서술 어미를 잘 살펴보고, 중국어의 시제 관련 명사, 부사, 조사 등을 이용하여 표현한다. 다만 중국어는 종종 현재와 미래 시제가 명확하게 구분 되질 않는 등, 우리말의 시제 표현과는 조금 다른 경우도 있으니 주의한다.

# 02 의지, 희망, 능력, 추측 관련 표현

의지, 희망, 능력, 추측 등은 우리말의 서술어에 < ~ 려고 한다 / ~하고 싶다 / ~ 할 수 있다 / ~ 을 것이다> 등으로 표현한다. 중국어는 일반적으로 여러 조동사를 활용하여 나타낸다. **특히 조동사는 우리말 문장을 중국어로 옮길 때 서술어를 부가적으로 설명해 주는 요소로서 의미 전달에 매우 중요한 역할을 한다.**

### 01 < ~~ 하고 싶다> 의지, 예정, 희망의 표현

| 우리말 | ~ 하고 싶다 / ~ 하려고 하다 / ~ 할 예정이다 |
|---|---|
| 중국어 | 要 / 想 / 打算 / 愿意 등등 + 동사 |

**예문**

① 나는 커피를 <u>마시려고 합니다</u>.
　　　　　　　要 + 喝

▶ 我**要**喝咖啡。

- <**要**>는 말하는 사람의 요구, 희망을 나타내며, <**想**>과 혼용하여 쓰기도 한다.

② 나는 맥주를 <u>마시고 싶지 않습니다</u>.
　　　　　　　不想　+ 喝

▶ 我**不想**喝啤酒。

- < ~ 하고 싶지 않다>는 <**不想**>으로 표현하며, <**不要** + 동사>로 하지 않는다.

③ 그도 이 영화를 **매우** 보고 싶어 합니다.
**想** + 看

▶ 他也很**想**看这部电影。

④ 졸업한 후에 나는 중국으로 유학을 **갈 예정입니다**.
**打算** + 去

▶ 毕业以后, 我**打算**去中国留学。
- <**打算**>은 <**要**>, <**想**>보다 좀 더 구체적으로 계획을 실행하는 의미가 있다.

⑤ 그는 3년 동안 전국을 자유롭게 **여행할 작정이다**.
**打算** ~ 漫游

▶ 他**打算**用三年时间去漫游全国。
- <5년 동안>은 <**用**三年时间>으로 옮긴다. <**用**>는 < ~~로서 / ~~를 가지고>라는 의미로서 도구, 수단, 방식 등을 표현한다.
- <자유롭게 여행하다>는 <**漫游**>로 옮긴다.

漫游 mànyóu
자유롭게 유람하다

⑥ 우리 회사도 상품 전시회에 **참가하기를 원합니다**.
**愿意** + 参加

▶ 我们公司也**愿意**参加商品展览会。
- <**愿意**>는 자신의 의지에 부합하여 < ~하길 원하다>로서 희망을 표현할 때 주로 사용된다.

商品 shāngpǐn
상품
展览会 zhǎnlǎnhuì
전시회

⑦ 나는 고향을 **떠나고 싶지 않습니다**.
**不愿意** + 离开

▶ 我**不愿意**离开老家。

离开 líkāi
떠나다

chapter 02. 우리말 서술어는 중국어 작문의 키워드　**063**

证人 zhèngrén
증인

⑧ 당신은 **기꺼이 증인을 서겠습니까**?
　　　　　肯　　+ 做 + 证人

▶ 你**肯不肯**做证人?
- <기꺼이 ~~ 하다>라고 본인의 의지에 따라 자발적으로 행동을 할 때 <肯>으로 표현한다.

### 작문 가이드

　우리말은 의지 및 희망 등을 나타낼 때 < ~~고 싶다 / ~~하길 원하다> 등의 서술 어미로 표현하며, 상황에 따라 <매우> 같은 부사를 첨가하여 강한 어감을 나타낸다. 하지만 중국어는 비슷한 어감이라도 상황에 따라 사용되는 조동사가 조금씩 다르다. <愿意>가 <要>, <想>보다 좀 더 구체적인 상황에 사용되고, <肯>은 자발적인 의지에 따라 행동을 할 때 사용하는 등등, 중국어의 조동사는 의미와 상황에 따라 세분된다. 문장의 뜻에 적합한 조동사를 사용해야 한다. 또한 조동사는 작문을 할 때 소홀히 하기 쉬운 부분이니 빼놓지 않도록 각별히 주의한다.

## 02 < ~~을 할 수 있다> 능력, 가능의 표현

우리말에서 < ~~을 수 있다>라는 표현을 중국어로는 <**能** / **会** / **可以**> 등 여러 조동사와 가능보어로 다양하게 표현한다. 우리말 예문의 뜻을 잘 파악한 후 적합한 조동사 혹은 가능보어로 옮긴다.

| 우리말 | ~ 할 수 있습니다 |
|---|---|
| 중국어 | **能** / **会** / **可以** + 동사 |
| | **가능보어** |

### 예문

① 그는 하루에 세 편의 원고를 **쓸 수 있습니다**.
　　　　　　　　　　**能** + 写

▶ 他一天**能**写三篇稿子。

② 나는 500미터를 **수영할 수 있습니다**.
　　　　　　　**能(可以)** + 游

▶ 我**能(可以)**游五百米。

- < ~~할 수 있다>라고 어떤 일을 할 수 있는 능력을 이미 갖추고 있음을 나타낼 때는 <**能**>으로 표현한다.
- <**可以**>는 특정한 조건 또는 상황에서 <~ 할 수 있다>라는 의미로 사용한다.

③ 아직 시간이 있으니까 우리는 제 시간에 공항에
　**갈 수 있습니다**.
　　**能** + 赶到

稿子 gǎozi
원고

▶ 还有时间, 我们**能**赶到机场。

④ 나는 중국어는 **할 줄 알지만**, 영어는 **못 합니다**.
会 + 说              不 + 会

▶ 我**会**说中文, 但是英语**不会**。

⑤ 예전에 그는 자전거 **탈줄 몰랐는데**, 이제는 **탈 수 있습니다**.
　　　　　　　　不 + 会 + 骑　　　　　　会

▶ 以前他不**会**骑自行车, 现在**会**了。

- 예문 ④, ⑤는 학습과 연습 등을 통해 < ~을 할 수 있다>라는 의미로 <会>로 표현한다.

⑥ 이 방은 네 명이 **묵을 수 있습니다**.
　　　　　　　　可以 + 住

屋子 wūzi
방

▶ 这间屋子**可以**住四个人。

⑦ 여기서 담배를 **필 수 있습니까**?
　　　　　可以 + 抽烟

▶ 这儿**可以**抽烟吗?

- 예문 ⑦은 < ~해도 됩니까?> 혹은 < ~ 해도 괜찮습니까?>라고 상대에게 허가 또는 양해를 구하는 표현으로 <**可以**>로 표현한다.

⑧ 당신 혼자서 보고서를 **다 쓸 수 있겠습니까**?
　　　　　　　写 + 得 + 完

▶ 你一个人**写得完**报告吗?

- <다 쓸 수 있습니까>는 <**能** + **写完**>으로 표현할 수도 있

고, 가능보어 <**写得完**> 또는 <**能** + **写得完**>으로 표현할 수 있다.

⑨ 안 먹고 안 마시고 몇 십 년을 해도 집을 **살 수가 없습니다**.
**买** + **不** + **起**

▶ 不吃不喝几十年都**买不起**房子。
- <살 수가 없습니다>는 너무 비싸서 혹은 돈이 없거나 능력이 부족하여 살 수 없음을 의미하여 <**买不起**>로 표현한다.

⑩ 나는 중국어를 배운지 얼마 되지 않아 중국어 신문을 **볼 수 없습니다**
**看** + **不** + **懂**

▶ 我学中文不久, 还**看不懂**中文报。
- <중국어 신문을 봐서 이해할 수 없다>라는 뜻으로 가능보어 <**看不懂**>으로 표현한다.

⑪ 강의하는 소리가 너무 작아 **들리지 않습니다**.
**听** + **不** + **见**

▶ 讲课的声音太小, **听不见**。

声音 shēngyīn
소리

⑫ 그 물건은 매우 잘 팔린다고 하는 데, 내일 가도 **살 수 있을까요**?
**买** + **得** + **着**

▶ 听说那个东西很抢手, 明天去还**买得着**吗?
- 예문 ⑫는 <아직 물건이 남아 있어 살 수 있다>를 의미하여 <**买得着**>로 표현한다.
- < ~~ 하는 데>는 <전해 듣다>라는 의미로 <**听说**>로 표현한다.

抢手 qiǎngshǒu
판매가 잘 된다

### ⚠️ 주의

< ~~을 수 있다>라는 표현은 중국어에서 조동사 외에도 가능보어로 표현해야 자연스러울 때가 있다. 하지만 여전히 많은 학습자들이 가능보어보다 조동사를 이용하여 작문하는 걸 편하게 느낀다. 아마도 중국어를 처음 배울 때 <**能**>, <**会**>, <**可以**> 등을 이용하여 < ~~을 수 있다>라는 표현을 먼저 익히기 때문이고, 또한 가능보어의 용법이 어려운 것도 한 요인이라고 여겨진다.

### 작문 가이드

우리말은 < ~~할 수 있다 / ~~ 할 수 없다>라고 서술어가 비교적 단순하게 표현되지만, **중국어는 문장의 뜻에 따라 사용하는 조동사가 세분된다. 또한 가능보어는 서술어 뒤에 붙는 보어의 뜻에 따라 문장 전체의 뜻이 결정되므로 특히 주의를 기울여야 한다.** < ~~ 할 수 있다 / 없다>라는 서술 어미가 들어간 우리말을 중국어로 옮길 때, 조동사로 표현할지, 가능보어로 표현할지를 잘 구분해야 한다.

### 03 < ~ 해야 합니다> 의무, 권고의 표현

의무 또는 상대방에게 권고를 나타내는 < ~ 해야 합니다>라는 표현은 <**应该(该)**, **必须**, **要** + 동사>로 옮길 수 있다.

| 우리말 | ~ 해야 합니다 |
|---|---|
| 중국어 | **应该(该) / 必须 / 要 / 得(děi) + 동사** |

### 예문

① 우리는 열심히 중국어를 **공부해야 합니다**.
　　　　　　　　　　　**应该** + 学习

▶ 我们**应该**努力学习中文。
- <공부해야 합니다>는 <**要**>로 표현할 수 있으나, <당연히 ~ 해야 한다>라는 뜻으로 <**应该**>로 옮기면 좋다.

② 중국어를 잘 배우기 위해서 당신은 이 책을 **봐야 합니다**.
　　　　　　　　　　　　　　　　**该** + 看

▶ 为了学好中文, 你**该(必须)**看这本书。
- <중국어를 잘 배우기 위해서>는 <**为了** + **学好中文**>로 표현한다.
- <봐야 합니다>는 <반드시 ~~ 해야 한다>라는 의미로 <**该**> 또는 <**必须**>를 이용하여 옮긴다.

为了 wèile
~을 위하여
(목적을 나타냄)

③ 한 가지 일을 성공시키려면, 먼저 반드시 **자신감이 있어야 합니다**.
　**必须** + **有** + **自信心**

▶ **要**做成一件事，首先**必须**有自信心。

首先 shǒuxiān
먼저, 우선

自信心 zìxìnxīn
자신감

- <자신감이 있어야 합니다>는 <**必须** + **有自信心**>로 옮긴다.
- < ~~ 시키려면>은 가정, 조건 등을 나타내는 데 <**要**>로 표현할 수도 있다.
- <한 가지 일을 성공시키다>는 <**做** + **成** + **一件事**>라고 결과보어로 나타낸다.

④ 비행기 표를 사려면 여권 번호를 <u>**반드시 알아야 합니다**</u>.
**一定** + **要** + 知道

▶ 买机票, **一定要**知道护照号码。

- <**要**>는 < ~ 하고 싶다>의 뜻도 있지만, < ~~해야 한다>라는 뜻으로도 쓰인다.
- <비행기 표를 사려면>은 <**如果**> 등을 이용하여 가정을 나타낼 수 있지만, <동사 + 목적어> 형태로 문장 앞에 놓으면 뒤 절의 내용으로 가정을 추측할 수 있어 <**如果**>를 쓰지 않아도 된다.

⑤ 당신은 이 문제를 좀 더 <u>**고려해야 합니다**</u>.
**得** + 考虑

▶ 你还**得**考虑这个问题。

- < ~ 해야 한다>는 <**得**>로 옮긴다. 이 때 <**要**>보다 강한 어감을 가진다. 또한 구조조사로 쓰일 때와 용법과 발음이 구별되니 주의한다.
- <좀 더>는 <**还**>로 표현한다.

---

护照 hùzhào
여권

号码 hàomǎ
번호

# 03 피동형 표현

<모기한테 물렸다>, <선생님께 꾸중을 들었다> 등등, 우리말의 피동형은 대개 < ~한테 / ~에게 >라는 대상과 함께 < ~었다 / 졌다>가 붙거나, < ~ 되다 / 받다 / 당하다 > 등등 서술형 어미를 붙여 표현한다. 우리말 피동형을 중국어로 옮길 때는 <**被** + 행위 대상 + 동사> 또는 <**受** / **遭受** / **挨** + 행위 대상 + 동사> 등으로 표현한다.

### 01 서술어 + ~ 었다 / ~ 졌다

<잡다 → 잡혔다>, < 물다 → 물렸다>, < 열다 → 열렸다> 등등, 우리말의 능동형을 피동형으로 바꿀 수 있는 문장은 대부분 아래와 같은 형태로 피동형을 만든다.

| 우리말 피동형 | 중국어 어순 |
|---|---|
| ~ 한테(에게) + 서술어 + ~ 었다 / 졌다 | 被(让, 叫, 给, 让) + 행위 대상 + 동사 |

**예문**

① 도둑이 경찰**한테** 잡혔다.
　　　**被警察　抓住**

▶ 小偷**被**警察**抓住**了。

- <잡혔다>는 <**抓** + **住**>라고 결과보어를 이용하여 표현한다.

小偷 xiǎotōu
도둑
警察 jǐngchá
경찰

② 녹색의 풀밭은 <u>사람**들에게** 밟혀</u> 작은 길이 났습니다.
　　　　　　　被人们　踩出

▶ 绿色的草地上被人们踩出了一条小路。

- < ~~에게 밟혀 ~~ 이 생겨나다>는 <被 + 대상 + 踩 + 出 + 一条小路>라고 옮긴다.

绿色 lǜsè
녹색

踩 cǎi
밟다

③ 그녀는 지금까지 **부모님께 맞은 적이 없다**.
　　　　　　　没 + 被 + 父母 + 打过

▶ 她从来没被父母打过。

- <지금까지 ~~적이 없다>라는 표현은 <从来 + 没 ~~ + 过>로 한다.

④ 창문이 **바람에 열렸다**.
　　　　给 + 风 + 吹开

▶ 窗户给风吹开了。

- <바람에 불려 열렸다>는 <给 + 风 + 吹开>로 표현한다.
- <给>는 <被>와 같이 피동의 뜻을 나타내는 데, 주로 대상을 생략하고 동사 앞에 직접 쓰여 어감을 비교적 강하게 나타낸다.

吹 chuī
바람 등이 불다

⑤ 내가 소중히 여기는 물건을 **그가 망가뜨렸다**.
　　　　　　　叫 + 他 + 弄坏

▶ 我心爱的东西叫他弄坏了。

冰其淋 bīngqílín
아이스크림

⑥ 아이스크림은 **동생이 다 먹어버렸다**.
　　　　　　　 让 + 弟弟 + 吃完了

▶ 冰其淋让弟弟吃完了。

- 예문 ⑤, ⑥의 <망가뜨렸다>, <다 먹어버렸다>는 <弄坏>, <吃完>이라고 결과보어로 표현한다.

⑦ 그는 3년 유기 징역형에 **처해졌다**.
　　　　　　　　　　　　 被 + 判处

判处 pànchǔ
판결하다

有期徒刑
yǒuqī túxíng
유기 징역

▶ 他被判处了三年有期徒刑。

- 예문 ⑦처럼 행위 대상을 생략해도 되거나, 행위 대상을 구체적으로 나타낼 수 없을 때 <被 + 동사>로 표현한다. 이것은 <被>가 대상보다 행위에 초점을 맞춘 표현이기 때문이다.

⑧ 그 장면이 **기자의 카메라에 포착되었다**.
　　　　　 被 + 记者的照相机 + 捕捉

场面 chǎngmiàn
장면

捕捉 bǔzhuō
잡다, 포착하다

▶ 那个场面被记者的照相机捕捉了。

### 작문 가이드

<被>는 우리말 피동형 문장을 중국어로 옮길 때 이용하는 대표적인 방법이다. 다만 <被>는 행위에 중점을 둔 표현으로 작문할 때 **결과보어, 방향보어, 시태조사(了, 着, 过 등)**을 활용하여 동작을 구체적으로 표현해야 한다.

### 02 서술어 + 당하다 / 받다

< ~~ 당하다>, < ~~ 받다> 등등, 본래 피동의 뜻을 가진 동사가 포함된 문장을 중국어로 옮길 때 아래와 같은 방법을 사용한다.

| 우리말 피동형 | 중국어 어순 |
|---|---|
| 서술어 + ~ 당하다 / ~ 받다 | 遭／受／挨 + 행위 대상 + 동사 |

## 예문

① 아버지는 친구에게 사기를 **당했다**.
　　　　　　　　　遭 + 骗

▶ 爸爸是遭朋友骗了。

遭 zāo
당하다
骗 piàn

② 나의 제의는 그들의 반대에 **부딪혔다**.
　　　　　　　遭到 + 反对

▶ 我的提议遭到他们的反对。

提议 tíyì
제의, 제안하다

③ 그는 선생님께 심한 질책을 **받았다**.
　　　　　　遭受 + 严厉批评

▶ 他遭受了老师的严厉批评。

严厉 yánlì
호되다, 매섭다

④ 저수지를 고친 후, 이곳은 더 이상 침수**되지 않았다**.
　　　　　　　　不 + 遭 + 水淹

▶ 水库修好以后, 这里再也不遭水淹了。

水库 shuǐkù
저수지, 댐
水淹 shuǐyān
물에 잠기다, 수몰

## ⚠️ 주의

<遭>, <遭到>, <遭受>는 <불행한 일 혹은 어려운 상황에 부닥치다>라는 의미를 내포하고 있어 대부분 부정적인 의미로 많이 사용된다.

⑤ 환경 보호 문제는 사회 각 분야의 관심을 **받았다**.
受到 + 关注

▶ 环保问题, **受到**社会各界的**关注**。

环保 huánbǎo
환경 보호

各界 gèjiè
각계, 각 방면

关注 guānzhù
관심

⑥ 그 아이는 부모의 학대를 **받았다**.
受到 + 虐待

▶ 那个孩子**受到**了父母的**虐待**。

虐待 nüèdài
학대, 학대하다

- 예문 ⑤, ⑥의 < ~~ 받았다>는 <**受到**>로 표현한다.

⑦ 그녀는 시댁에서 자주 매 **맞고** 욕을 **먹었다**.
挨 + 打 + 受 + 骂

婆家 pójia
시댁

▶ 她在婆家经常**挨打受骂**。

- <**挨**> 역시 본래 피동의 뜻을 가지고 있어 < ~~을 당하다, ~~ 받다>라고 사용한다.
- 위의 예문처럼 구체적인 행위 대상을 생략하고 <**挨** + **打** + **受** + **骂**>라고 표현할 수 있다.

### 📘 작문 가이드

우리말의 서술어가 < ~~ 당하다>, < ~~ 받다> 등등, 본래 피동의 뜻을 가지고 있을 때 위와 같은 방법으로 옮기면 효과적이다. 주의할 점은 **대상을 생략하고 행위만을 강조하여 표현할 수 있으니 동작을 부가 성분과 함께 구체적으로 표현한다.**

## 03 <목적어 + 서술어> 형태의 피동문

우리말은 의사 전달에 무리가 없다면 주어를 생략하는 경우가 많아 <목적어 + 서술어> 형태만으로 구성된 문장을 종종 볼 수 있다. 예를 들어, <커피를 다 마셨다>, <자전거를 수리했다>라는 문장은 특정된 주어가 없는 문장으로 이것을 중국어로 <**咖啡**喝完了>, <**自行车**修好了>로 옮긴다. 중국어의 기본 어순대로라면 <喝完了**咖啡**>, <修好了**自行车**>라고 해야 맞지만 굳이 이렇게 옮기지 않는다. 이 때 피동의 대상인 목적어가 서술어 앞에 놓여 주어 역할을 담당하고 서술어가 피동의 뜻을 가진다. 이런 문형은 <**被**, **让**, **受**, **遭**, **挨**> 등을 사용하지 않는 중국어 피동문의 또 다른 유형으로 <**의미상의 피동문**>이라고 한다.

| 우리말 | 주어 | 목적어 | 서술어(동사) |
|---|---|---|---|
| | | 커피를 | 마셨다 |
| | | 자전거를 | 수리했다 |

| 중국어 | 주어 | 수식어 | 서술어 | 보어 | 목적어 |
|---|---|---|---|---|---|
| | 咖啡 | | 喝 | 完了 | |
| | 自行车 | | 修 | 好了 | |

※ 위의 중국어 예문처럼 주어 위치에 올 수 있는 대상은 대부분 스스로 구체적인 동작을 할 수 없는 물건들이다. 또한 피동의 주체 혹은 행위의 대상은 이미 알고 있거나, 굳이 언급할 필요가 없다면 쓰지 않는다. **우리말에서 특정된 주어 없이 목적어를 설명하는 동작이 부각되는 문장을 중국어로 옮길 때 <의미상의 피동문>을 이용하면 좋다.**

### 예문

① **기차표**는 이미 **매진됐습니다**.
　　　　　　　**卖 + 完**

▶ 火车票已经**卖完了**。

② **짐**을 이미 모두 **쌌습니다**.
　　　　　　　**收拾 + 好**

▶ 行李都**收拾好了**。

收拾 shōushi
정리하다

③ **이 옷들**은 아직 **빨지 못 했습니다**.
　　　　　　　**没 + 洗 + 完**

▶ 这些衣服还**没洗完**。

 주의

　위의 예문들은 특별한 주어 없이, <~~ 매진됐습니다>, <~~ 쌌습니다>, <~~ 빨지 못 했습니다>라고 목적어(기차표, 짐, 옷)를 설명하는 동작이 두드러진다. 이 때 서술어 부분을 <**卖完了**>, <**收拾好了**>, <**没洗完**> 등으로 결과보어를 사용해 구체적으로 설명한다.

④ **시험 결과**는 내일 **발표됩니다**.
　　　　　　　**发表**

▶ 考试的结果明天就**发表**。

发表 fābiǎo
발표하다

⑤ 2년 전에 번역한 그 책은 아직 **출판되지 않았습니다**.
**没 + 出版**

▶ 两年前翻译的那本书还没**出版**。
- <번역한>은 <**翻译 + 的**>로 표현하여 이미 번역이 완료된 상태를 나타낸다. 중국어는 <**동사 + 的**>의 형태로 과거를 나타낸다.

翻译 fānyì
번역하다
出版 chūbǎn
출판하다

### 작문 가이드

중국인의 일상 회화에서 많이 사용되는 <**의미상의 피동문**>은 우리말 어순과 유사하여 활용하기가 비교적 수월하다. **구체적인 주어 없이 목적어에 대한 행위를 부각시키는 문장을 중국어로 옮길 때 활용하면 효과적이다.** 이 때 동사 뒤에 각종 보어 혹은 부가 성분을 이용하여 구체적으로 표현하는 게 좋다.

## 04 우리말의 피동형을 중국어의 능동형으로 옮기기

우리말은 피동의 형태를 띠고 있지만 중국어는 능동형으로 표현해야 하는 경우가 있다. 예를 들어, <여동생이 감기에 **걸렸다**>, <그가 난처한 입장에 **놓였다**>라는 문장은 < ~ 였다>가 붙어 피동형으로 보인다. 하지만 이 예문들은 <妹妹**感冒了**>, <他**处于**尴尬的立场>이라고 능동형으로 옮겨야 한다. <~~ **被**感冒了>, <~~ **被**处于~~ >라고 하지 않는다.

우리말은 대상의 관점에 따라 능동형과 피동형으로 구분되는 경우가 있다. 이것은 우리말이 주어의 관점에서 동작을 서술하는 특징이 있기 때문이다. 작문할 때 우리말의 <피동형 어미>에 너무 매몰되지 말고, 문장의 내용을 잘 파악해야 한다. 특히 **대응하는 능동문이 없거나, 피동을 만드는 주체를 확정할 수 없는 우리말 문장은 중국어의 능동형으로 옮겨야 자연스럽다.**

### 예문

① 이 곳에는 많은 석유가 **묻혀 있습니다**.
埋藏 + 着

埋藏 máicáng
매장되다
石油 shíyóu
석유

▶ 这个地方**埋藏着**大量的石油。
- < ~~ 묻혀 있다>라고 피동형 어미가 사용되었지만, 피동을 만드는 주체를 확정할 수 없어 능동형으로 옮겨야 한다.

② 광장에 그를 위한 기념관이 **세워졌습니다**.
建 + 了

纪念馆 jìniànguǎn
기념관

▶ 在广场上为他**建了**一座纪念馆。

③ 이 옷은 서양 사람을 기준으로 **만들어졌습니다**.
**做 + 成 + 的**

▶ 这件衣服是以西方人标准**做成的**。

  예문 ②, ③은 우리말 서술어를 < ~~ 세웠습니다>, < ~~ 만들었습니다>라고 능동형으로 표현할 수 있으나 피동형 어미로 나타낸 문장이다. 국어 전문가들은 위와 같은 문장을 <**가피동문**> 또는 <**상태성 피동문**>이라고 하며 우리말 피동형의 또 다른 특징이라고 설명한다. 반면 일부 전문가들은 이런 문장은 피동문이 아니라는 의견을 제시한다. 위와 같은 문장은 중국어의 능동형으로 옮겨야 한다.

④ 나는 한국어로 **번역된** 소설을 읽은 적이 있습니다.
**译 + 成**

▶ 我看过一本**译成**韩文的小说。
- <한국어로 번역되어진>이라는 의미로 <**被 + 译成**韩文>이라고 피동형으로 옮길 수도 있으나, 능동형으로 옮기는 게 자연스럽다.

⑤ 의사 선생님은 그에게 되도록 빨리 **수술 받으라고 권유했습니다**.
**建议 + ~~ 做手术**

▶ 医生建议他尽快**做手术**。
- 우리말 예문은 환자 입장에서 <수술을 받다>라고 피동형으로 표현하지만, 중국어는 <수술을 하다 → **做手术**>라고 능동형으로 옮긴다.

标准 biāozhǔn
표준

建议 jiànyì
건의하다,
제의하다
尽快 jǐnkuài
되도록 빨리 ~~

## ⚠️ 주의

우리말에는 능동과 피동이 명확히 구분되는 표현이 많다. 예를 들어, 우리말은 환자의 입장에서는 <주사를 맞다>, 간호사의 입장에서는 <주사를 놓다>로 피동형과 능동형으로 구분되지만, 중국어는 모두 <**打针**>으로 표현한다. 비슷한 예로, 음식점에서 주문을 할 때, 손님 입장에서는 <주문을 하다>, 종업원 입장에서는 <주문을 받다>라고 표현하지만, 중국어로는 모두 <**点菜**>라고 쓴다.

**우리말은 주어의 관점에서 어떤 행위를 능동형과 피동형으로 나누지만, 중국어는 동작 자체만을 서술하는 경우가 많아 굳이 우리말처럼 능동형과 피동형으로 구분하지 않는다.**

⑥ 그녀는 전보다 많이 **예뻐졌습니다**.
　　　　　　　　　　　**漂亮** + **多了**

▶ 她比以前**漂亮多了**。
- 우리말의 부사 <많이>를 중국어로는 보어로 표현한다.

⑦ 어머니의 건강이 날로 **쇠약해졌다**
　　　　　　　　　　**衰弱** + **了**

日渐 rìjiàn
날이 갈수록

衰弱 shuāiruò
쇠약하다

▶ 妈妈的身体日渐**衰弱了**。

⑧ 많은 연습을 통해 점점 중국어 발음에 **익숙해졌습니다**.
　　　　　　　　　　　　　　　　**熟悉** + **了**

熟悉 shúxi
익숙하다

▶ 通过很多练习，渐渐**熟悉了**中文发音。

 주의

　예문 ⑥, ⑦, ⑧은 형용사 뒤에 <~어지다>라는 어미가 붙어 상태의 변화를 나타낸 것으로 피동형이 아니다. 이런 문장들도 중국어의 능동형으로 옮겨야 한다. 자칫 피동형으로 혼돈할 수 있으니 주의한다.

**작문 가이드**

　우리말의 피동형 문장은 <被, 让, 叫> 등등 피동형을 만드는 문장 성분을 이용하거나, <受, 遭, 挨> 등 본래 피동의 뜻을 가진 단어를 이용하여 만든다. **먼저 우리말의 뜻을 잘 파악한 후 알맞은 피동형 문장으로 옮긴다.**

# 04 사역형 표현

우리말의 사역형은 주어가 대상에게 어떤 행위를 시키는 것으로 대개 서술어 뒤에 〈~도록(게) 하다〉, 〈~~하게 시키다〉라는 서술형 어미가 붙는다. 중국어는 주로 〈**让, 叫, 使**〉 등과 일부 동사를 이용하여 사역형을 표현하는 데, 이런 문장을 〈겸어문(兼语文)〉이라고 한다. 〈겸어문〉이란 하나의 문장 속에 2개의 동사가 있는데, 첫 번째 동사의 목적어가 두 번째 동사의 주어를 겸하는 문장을 말한다.

예를 들어,

"내가 당신에게 밥을 사겠습니다."

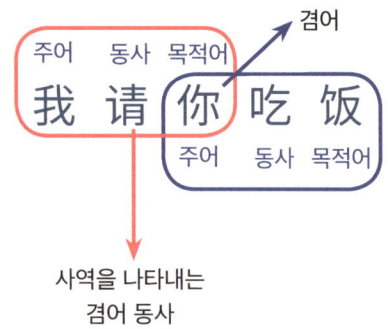

※ 첫 번째 동사가 사역을 표현하는 겸어 동사이다.

우리말의 사역형 문장을 중국어로 옮길 때는 일반적으로 〈**让, 叫, 使**〉 등을 이용하거나, 〈**命令, 劝, 派, 请**〉 등등, 겸어를 나타내는 동사를 이용한다.

## 01 <让, 叫, 使> 등을 이용한 사역형 표현

| 우리말 사역형 | 중국어 어순 |
|---|---|
| 서술어 + ~~ 게 하다 | 让 / 叫 / 使 + 사역의 대상 + 동사 |
| 서술어 + ~~게 시키다 | |

### 예문

① 이 일은 **부모님을** 대단히 **기쁘게 했습니다**.
　　　　**使** + 父母　　　　 + 高兴

▶ 这件事**使**父母非常**高兴**。

② 엄마는 **동생에게** 마트에 **가서** 물건을 **사라고 시켰습니다**.
　　　**叫** + 弟弟　　 去　　　　+ 买

▶ 妈妈**叫**弟弟**去**超市**买**东西。

- 위의 예문은 사역형 외에도 <마트에 가다 → 去超市>와 <물건을 사다 → 买东西>라는 동작을 발생 순서대로 나열하여 표현한다.

超市 chāoshì
슈퍼마켓

③ 이 소설은 많은 **독자를** 감동시켰습니다.
　　　　　　　**让** + 读者　　+ 感动

▶ 这部小说**让**很多读者**感动**。

读者 dúzhě
독자

④ 누가 이 일을 당신들에게 **하라고 시켰습니까**?
　　　　　　　　**叫** + 你们　　　+ 做

▶ 谁**叫**你们**做**这件事?

钢琴 gāngqín
피아노

⑤ 아버지는 **나에게** 밤에는 **피아노를 못 치게 하였습니다**.
　　　　不 + 让 + 我　　　　+ 弹 + 钢琴

▶ 爸爸在晚上不让我弹钢琴。

- <못 치게 하였습니다>는 사역형의 부정형으로 <不>가 <让我弹钢琴> 앞에 와야 한다.

 주의

사역형 문장을 만드는 겸어 동사 중 <让>이 구어체를 비롯하여 가장 많이 쓰인다면, <使>는 관형적인 표현에 주로 사용한다.

## 02 <命令, 劝, 派, 请> 등 겸어 동사를 이용한 사역형 표현

겸어 동사를 이용하여 사역형 문장을 만드는 형태로서, <让, 叫, 使> 등으로 옮기는 것보다 까다롭다. 먼저 겸어를 표현할 수 있는 동사를 명확히 알아야 하고, 여러 동작을 발생 순서대로 나열하는 게 중요하다.

| 우리말 사역형 | 중국어 어순 |
|---|---|
| 서술어 + ~ 게 하다 | 劝 / 命令 / 派 / 请 + 동작의 대상 + 동사 |

※ 겸어 동사를 이용하는 사역 문장은 <让, 叫, 使> 등을 사용하는 문장과 어순이 같다. 먼저 <让 + 동작의 대상>으로 문장을 만든 후, <让>을 우리말 서술어에 해당하는 중국어 동사로 바꿔 문장을 완성한다.

### 예문

① 선생님은 **그에게 북경 가서 중국어를 공부하도록** 권했습니다.

⇩

老师 <让 + 他> + 去北京 + 学中文

⇩

老师 <권하다 → 劝 + 他> + 去北京 + 学中文

▶ 老师劝他去北京学中文。

- 먼저 <让 + 他>로 문장을 만든 후, <권하다>에 해당하는 동사 <劝>으로 바꿔 사역형 문장으로 표현한다.
- <북경으로 가다>, <공부하다>를 동작의 발생 순서대로 옮긴다.

劝 quàn
권하다

② 회사에서 **우리에게 출장을 가라고 지시했습니다**.
　　　　　　　⇩
　　公司 <让 + 我们> + 去 + 出差
　　　　　　　⇩
　　公司 <지시하다 → 命令 + 我们> + 去 + 出差
▶ 公司命令我们去出差。
- <让 + 我们>으로 만든 후, <지시하다>에 해당하는 동사 <命令>으로 바꿔 사역형 문장으로 옮긴다.

命令 mìnglìng
명령하다
出差 chūchāi
출장

③ 사장님은 **시장 조사를 위해 그녀를 중국으로 파견하였습니다**.
　　　　　　　⇩
　　老板 <让 + 她> + 去中国 + 做市场调查
　　　　　　　⇩
　　老板 <파견하다 → 派 + 她> + 去中国 + 做市场调查
▶ 老板派她去中国做市场调查。
- <让 + 她>로 만든 후, <파견하다>에 해당하는 동사 <派>로 바꿔 문장을 완성한다.

派 pài
보내다, 파견하다
市场 shìchǎng
시장
调查 diàochá
조사, 조사하다

④ 나는 **그들에게** 우리 집에 놀러 **오라고 청했습니다**.
　　　　　　　⇩
　　我 <让 + 他们> + 来 + 我家 + 玩
　　　　　　　⇩
　　我 <청하다 → 请 + 他们> + 来 + 我家 + 玩
▶ 我请他们来我家玩。
- 우리말 서술어 <청하다>에 해당하는 동사 <请>으로 바꿔 사역형 문장으로 옮긴다.

⑤ 경찰은 **나에게** 가방 속의 물건을 모두 **꺼내라고 요구하였습니다**.
⇩
警察 <让 + 我> + 把包里的东西 + 全部**拿出来**
⇩
警察 <요구하다 → 要求 + 我> + 把把包里的东西 + 全部**拿出来**

▶ 警察**要求**我把包里的东西全部**拿出来**。
- 우리말 서술어 <요구하다>라는 동사 <要求>로 바꿔 사역형 문장으로 표현한다.

要求 yāoqiú
요구하다
全部 quánbù
전부

 주의

우리말의 사역형 표현은 일반적으로 <행위의 주체가 누구인가>에 따라 직접 사역과 간접 사역으로 나누어진다.

| 구분 | 개념 | 예문 |
| --- | --- | --- |
| 직접사역 | 행위를 주어가 직접한 경우 | 엄마가 아이에게 옷을 입혔다.<br>妈妈**给**孩子穿上了衣服。 |
| 간접사역 | 주어가 다른 사람(대상)에게 행위를 시킨 경우 | 엄마가 아이에게 옷을 입게 했다.<br>妈妈**让**孩子穿衣服。 |

위의 <직접 사역>은 <~~입혔다>라는 사역형 어미가 있으나, 엄마가 실질적인 행위의 주체로서 중국어의 능동형으로 옮겨야 한다. <간접 사역>은 엄마(주어)가 행위를 다른 사람(아이)에게 시킨 경우로서 <让, 叫, 使> 등을 이용하여 사역형 문장으로 만든다.

**작문 가이드**

　우리말의 사역형 표현을 중국어로 옮길 때 주의해야 할 점은 먼저 우리말 문장 속 <행위의 주체가 누구인가>를 파악하고, 적절한 겸어 동사를 이용하여 옮긴다.

chapter 03

# 우리말과 중국어의 서술 패턴 이해

우리말은 서술어가 문장 끝에 위치하는 특징 때문에 중국어와 표현 방식도 다르다. 특히 여러 동작이 한 문장에서 나올 경우, 우리말은 중국어와 약간 다른 서술 패턴을 보인다. 이런 점을 명확히 인지하고 있어야 중국어로 정확하게 표현할 수 있다.

01 동작의 발생 순서대로 동사를 나열한다
02 안은 문장의 작문
03 이어진 문장의 작문

# 01 동작의 발생 순서대로 동사를 나열한다

여러 동작을 동시에 표현할 때 중국어가 우리말과 다른 점은 동작의 발생 순서대로 동사를 나열한다는 점이다. 이런 서술 패턴은 우리말의 〈 ~~ 면서 ~~하다〉, 〈 ~~ 하러 ~~ 하다〉, 〈 ~~ 로(고) ~~ 하다〉 등등, 여러 동작이 함께 나오는 문장을 중국어로 옮길 때 매우 유용하다.

중국어에서 이러한 동사의 나열은 **연동문**(连动句)이 대표적인데, 하나의 주어에 대응하는 동사가 2개 이상 나오는 문장을 말한다.

동생은 **물건을 사러 상점에 간다.**

⇩ ⇩

제2동작(목적)   제1동작

⇩ ⇩

**买** + 东西   **去** + 商店

弟弟**去**商店**买**东西。

(실질적으로 발생하는 동작의 순서대로 동사를 나열)

※ 위의 우리말은 〈 ~~ 하러〉라고 목적 및 이유를 먼저 서술하고, 그에 따른 후속 동작을 뒤에 나타낸다. 하지만 중국어는 〈상점에 가다 → **去**商店〉, 〈물건을 사다 → **买**东西〉라고 실질적으로 발생하는 동작의 순서대로 나열하여 표현한다.

**01** 동작 순서대로 나열하여 표현한다.

| 우리말 | ~ 고 ~ 하다 |
|---|---|
| 중국어 | 동작의 발생 순서대로 동사를 나열 |

**예문**

① 엄마는 전화를 **걸어** 구급차를 **불렀습니다**.
　　　　　　　　**打**　　　　　　**叫**

▶ 妈妈**打**电话**叫**了一辆救护车。

- <전화 걸다 → **打**电话>와 <구급차를 부르다 → **叫**救护车>를 동작의 진행 순서대로 배열한다.

救护车 jiùhùchē
구급차

② 그는 외투를 **입고** 문을 **열고** **걸어 나갔습니다**.
　　　　　　　**穿**　　　**开**　　**走**(出去)

▶ 他**穿**上大衣**开**门**走**出去。

- <외투를 입다 → **穿上**大衣>, <문을 열다 → **开**门>, <걸어 나가다 → **走出去**> 등 동작이 발생하는 순서대로 나열하여 표현한다.

③ 이 책을 **읽어가니** 정말 재미가 **있습니다**.
　　　　　**读**下来　　　　　　　　**有**

▶ 这本书**读**下来真**有**意思。

- <읽어가니>는 동사 <**读**> 뒤에 <**下来**>를 붙여 동작을 <계속 해 나가다>라는 의미를 나타낸다.

④ 학생들은 운동장에 **나가** 축구를 **합니다**.
　　　　　　　　　　　去　　　　　踢

操场 cāochǎng
운동장

▶ 学生们都**去**操场**踢**足球。

⑤ 우리는 편의점에서 맥주를 **사서 마십니다**.
　　　　　　　　　　　　　　买　　喝

便利店 biànlìdiàn
편의점
啤酒 píjiǔ
맥주

▶ 我们在便利店**买**啤酒**喝**。
- 예문 ④, ⑤는 실질적으로 행하는 동작의 순서대로 동사를 나열하여 표현하였다.

## 02 목적과 이유를 먼저 표현한다.

목적 혹은 이유를 먼저 서술하는 우리말을 중국어는 옮길 때 유용하다.

| 우리말 | ~ 하러 ~ 하다 |
|---|---|
| 중국어 | 선행 동작을 먼저 표현하고, 목적은 뒤에 표현한다 |

### 예문
① 나는 자료를 **수집하러** 도서관에 **갑니다**.
　　　　　　　　收集　　　　　　　　去

收集 shōují
수집하다
资料 zīliào
자료

▶ 我**去**图书馆**收集**资料。
- 우리말 예문은 <자료 수집>이라는 목적을 먼저 서술했지만, 중국어는 실질적인 동작 <도서관에 가는 동작 → **去**图书馆>을 서술하고, 목적 <자료를 수집하는 동작 → **收集**资料>을 표현한다.

② 그는 어제 HSK 시험을 **보러** 서울로 **갔습니다**.
　　　　　　　　　　　参加　　　　去

▶ 他昨天**去**首尔**参加**了汉语水平考试。
- <서울로 가서 시험을 보다>라는 뜻으로 실질적으로 행하는 동작을 먼저 표현한다.

③ 그는 중국어를 **배우러** 북경에 **왔습니다**.
　　　　　　　　学　　　　　来

▶ 他**来**北京**学**中文。

④ 나는 장 선생님을 **뵈러 왔습니다**.
　　　　　　　　见　　来

▶ 我**来见**张老师。
- 중국어 예문 ③, ④는 모두 실질적인 행위를 먼저 표현하고 뒤에 목적 또는 이유를 서술한다.

 **주의**

　위의 예문들은 모두 동작의 발생 순서대로 동사를 나열하여 표현하였다. 하지만 목적 또는 의도를 강조할 경우에는 <**为了**>, <**要**>, <**想**> 등을 이용하여 표현할 수도 있다.

首尔 shǒu'ěr
서울

汉语水平考试
Hànyǔ shuǐpíng kǎoshì
HSK
(중국어 능력 시험)

### 03 수단 및 방법을 표현한다.

| 우리말 | ~ 로(고) ~ 하다 |
|---|---|
| 중국어 | 수단, 방법을 먼저 표현하고, 주된 동작을 뒤에 표현 |

### 예문

① 선생님은 중국어**로** 강의를 합니다.
　　　　　　　　**用**　　**讲课**

▶ 老师**用**中文**讲课**。

- <중국어를 이용하는 동작 → **用**中文>을 서술하고, 후에 <강의를 하는 동작 → **讲**课>을 표현한다.
- <**用**>은 < ~로 / ~ 이용하여> 등 도구, 수단 등을 나타내며, <**以**>로 표현할 수도 있다.

② 일본 사람들도 젓가락**으로** 식사를 합니다.
　　　　　　　　　　**用**　　**吃饭**

▶ 日本人也**用**筷子**吃饭**。

筷子 kuàizi
젓가락

③ 아버지는 자전거를 **타고** 출근하십니다.
　　　　　　　　　　**骑**　　**上班**

▶ 爸爸**骑**自行车**上班**。

- <자전거를 타다 → **骑**自行车>, <출근하다 → **上班**>을 순서대로 나열한다.

④ 그녀는 이어폰을 **끼고** 음악을 **듣습니다**.
　　　　　　　　**戴**　　　　**听**

戴 dài
끼다
耳机 ěrjī
이어폰

▶ 她**戴**着耳机**听**音乐。

- <이어폰을 끼고 → **戴**着耳机>, <음악을 듣다 → **听**音乐>를 순서대로 나열한다.

 주의

중국어에서 동작의 발생 순서대로 표현하는 서술 패턴은 매우 중요한 의미를 가진다. 위의 연동문 외에도 많은 문형이 이와 같은 형태로 문장이 구성된다.

**작문 가이드**

동작의 발생 순서대로 동사를 나열하는 서술 패턴은 중국어 문장의 특징이다. 우리말은 서술어가 문장 끝에 위치하는 구조로 인해 목적, 이유, 수단 등을 먼저 서술하고 뒤에 중요한 행위를 표현한다. 특히 우리말의 < **~ 하고 ~ 하다**>, < **~ 하러 ~ 하다**>, < **~ 로(고) ~ 하다**> 등등, **동일한 주어에 대해 여러 동작을 한 문장에서 표현할 때 이런 서술 패턴으로 옮기면 효과적이다.**

# 02 안은 문장의 작문

　우리말의 〈안은 문장〉이란 하나의 문장 속에 주어와 서술어를 꾸며주는 절이 포함된 문장을 말한다. 예를 들어, 〈나는 지금에서야 그가 중국인임을 알아차렸다〉에서 〈나는 지금에서야 알아차렸다〉라는 문장 속에 〈**그가 중국인임을**〉이라는 절이 포함된 문형이다. 이 때 〈그가 중국인임을〉은 〈**안긴 문장**〉으로 서술어인 〈알아차렸다〉를 꾸며준다.

나는 지금에서야 **그가 중국인임을** 알아차렸다.
(안긴 문장)

⇩

나는　지금에서야　　　　알아차렸다
我　　现在　　才　　　　看出

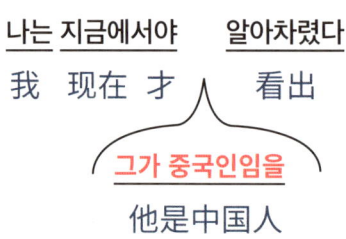

**그가 중국인임을**
他是中国人

▶ 我现在才看出他是个中国人。

 주의

　〈안은 문장〉을 중국어로 옮길 때 먼저 서술어 앞에 놓인 〈**안긴 문장**〉의 쓰임을 잘 파악한 후, 어떻게 표현할지 결정한다.

## 01 안긴 문장을 목적어로 표현한다.

안긴 문장이 서술어에 대해 명사적인 의미 혹은 관형절로 쓰일 경우, 안긴 문장을 문장 전체의 목적어로 간주하여 <**주어 + 서술어 + 안긴 문장**> 순으로 작문한다.

| 우리말 안은 문장 | 중국어 어순 |
| --- | --- |
| 주어 + **안긴 문장** + 서술어<br>(명사 혹은 관형어 역할) | 주어 + 서술어 + 안긴 문장 |

### 예문

① 그들은 **삽화가 들어간 사전을** 새로 편찬하였습니다.
　　　　　　　　<안긴 문장>

⇩

<주어>　　+　<　서술어　>　+　　<안긴 문장>

그들은 + 새로 편찬하였습니다 + **삽화가 들어간 사전을**
他们　　　　　　编了　　　　　　带插图的词典

▶ 他们新编了一部带插图的词典。

- <삽화가 들어간 사전을>을 <编> 뒤에 놓는다. <삽화가 들어간>은 <带 + 插图>로 표현한다.
- 양사 <一部>를 빼놓지 않도록 주의한다.

编 biān
엮다, 편집하다, 편성하다

插图 chātú
삽화

② 아버지는 또 **남이 버린 물건을** 주워오셨습니다.
　　　　　　　<안긴 문장>

⇩

<주어>　+　<서술어>　+　　<안긴 문장>

아버지는 또 주워오셨습니다 + **남이 버린 물건을**
　爸爸　　　　捡来了　　　　　别人扔的东西

捡 jiǎn
줍다
扔 rēng
던지다, 버리다

▶ 爸爸又捡来了别人扔的东西。
- <남이 버린 물건을>을 <捡来了> 뒤에 놓는다.

③ 나는 **친구가 중국에서 사온 선물을** 받았습니다.
<안긴 문장>

⇩

<주어> + <서술어> +     <안긴 문장>
나는 + 받았습니다 + **친구가 중국에서 사온 선물을**
我        收到了        **朋友从中国买来的礼物**

▶ 我收到了朋友从中国买来的礼物。
- <从中国买来的礼物>을 <收到了> 뒤에 놓는다.

④ 그는 **오랫동안 갈망해 왔던 미국 유학의 꿈을** 이루었습니다.
<안긴 문장>

⇩

<주어> + <서술어> +     <안긴 문장>
그는   이루었습니다 + **오랫동안 갈망해 왔던 미국 유학의 꿈을**
他        实现了        **渴望已久去美国留学的梦想**

渴望 kěwàng
갈망하다
梦想 mèngxiǎng
꿈, 희망

▶ 他实现了渴望已久去美国留学的梦想。
- <渴望已久去美国留学的梦想>을 <实现了> 뒤에 놓는다.
- <미국 유학의 꿈 → 去美国留学的梦想>을 표현할 때 동사 <去>를 빼놓지 않도록 주의한다.

⑤ 어머니는 **소파에서 TV를 켜고 주무시는 버릇이** 있습니다.
<안긴 문장>
⇩

<주어>+<서술어> +        <안긴 문장>

어머니는    있습니다 + **소파에서 TV를 켜고 주무시는 버릇이**
妈妈        有         **在沙发上开着电视睡觉的习惯**

▶ 妈妈有在沙发上开着电视睡觉的习惯。
- <TV를 켜고>는 <TV를 켜놓은 채>라는 상태의 지속으로 <**开着**电视>로 표현한다.
- <소파에서 TV를 켜고 주무시는 버릇이>를 <**有**> 뒤에 놓는다.

沙发 shāfā
소파

⑥ 가족들은 아직 **내가 이미 회사를 그만 둔 걸** 모릅니다.
<안긴 문장>
⇩

<주어>   +   <서술어>   +    <안긴 문장>

가족들은  아직 모릅니다  + **내가 이미 회사를 그만 둔 걸**
家人         不知道          **我已经辞职的**

▶ 家人还不知道我已经辞职的。
- <내가 이미 회사를 그만 둔 걸>은 <모릅니다>를 수식하는 관형절로서 <**不知道**>뒤에 놓는다.

辞职 cízhí
사직하다,
퇴사하다

⑦ 어머니는 골목 입구에서 **아들이 돌아오길** 기다립니다.
<안긴 문장>
⇩

<주어>    +    <서술어>   +   <안긴 문장>

어머니는 골목 입구에서 기다립니다 + **아들이 돌아오길**
妈妈      在胡同口       等着         **儿子回来**

▶ 妈妈在胡同口等着儿子回来。

- <아들이 돌아오길>을 <**等着**> 뒤에 놓는다.

⑧ 나는 **이번 시험이 그리 쉽지 않을 것이라** 느꼈습니다.
<안긴 문장>

⇩

<주어> + <서술어> +　　　<안긴 문장>
　나는　　느꼈습니다 + **이번 시험이 그리 쉽지 않을 것이라**
　我　　　觉得　　　　**这次考试不会那么容易**

容易 róngyì
쉽다, 용이하다

▶ 我觉得这次考试不会那么容易。

- <그리 쉽지 않을 것이라>는 추측을 나타내는 것으로 <**不会那么容易**>라고 표현한다.
- <**这次考试不会那么容易**>를 <**觉得**> 뒤에 놓는다.

**02** **안긴 문장을 수식어 또는 보어로 표현한다.**

　안긴 문장이 서술어를 꾸며주는 부사어로 사용할 경우 두 가지 형태로 작문한다. 첫째는 <주어 + 안긴 문장 + 서술어>로, 둘째는 안긴 문장을 서술어의 보어로 간주하여 <주어 + 서술어 + 안긴 문장> 순으로 옮긴다.

| 우리말 안은 문장 | 중국어 어순 |
|---|---|
| 주어 + **안긴 문장** + 서술어<br>(부사어 역할) | 주어 + **안긴 문장** + 서술어 |
| | 주어 + 서술어 + 안긴 문장 (보어) |

**예문**

① 우리 아이가 **자전거를 타기에는** 아직 어립니다.
　　　　　　　　　　<안긴 문장>
　　　　　　　　　　⇩

<주어>　+　<안긴 문장>　+　<서술어>
우리 아이가 + **자전거를 타기에는** + 아직 어립니다
我们的孩子　　**骑自行车**　　　还　　小

▶ 我们的孩子骑自行车还小。
- <자전거를 타기에는>은 <**骑** + **自行车**>로 표현한다.

② 그는 **중국에서 유쾌한 기억만을 안고** 떠났습니다.
　　　　　　　　<안긴 문장>
　　　　　　　　⇩

<주어>　+　<안긴 문장>　+　<서술어>
그는 + **중국에서 유쾌한 기억만을 안고** + 떠났습니다
他　　**只怀着** + **在中国愉快的记忆**　　离开

▶ 他只怀着在中国愉快的记忆离开了。
- < ~ 안고 ~ 떠나다>라고 동작의 발생 순서대로 동사<**怀着**>와 <**离开**>를 나열하여 표현한다.

③ 그녀는 **소리도 없이** 내게 다가왔습니다.
　　　　　<안긴 문장>
　　　　　⇩

<주어>　+<안긴 문장>　+　<서술어>
그녀는 + **소리도 없이** + 내게 다가왔습니다.
她　　　**无声无息地**　　向我　　走来

怀 huái
품다
记忆 jìyì
기억

▶ 她无声无息地向我走来了。
- <소리도 없이>는 동작을 묘사하는 부사어로서 <~~ **地**> 형태로 만들어 서술어 앞에 놓는다.

④ 나는 **사람들이 떠드는 소리에** 깜짝 놀랐습니다.
　　　　　　　<안긴 문장>

⇩

<주어>　　+　　<안긴 문장>　　+　　<서술어>

나는 + **사람들이 떠드는 소리에** + 깜짝 놀랐습니다
我　　　**被人们的吵闹声**　　　　吓了一跳

吵闹声
chǎonào shēng
떠들썩한 소리

吓 xià
놀라다

▶ 我被人们的吵闹声吓了一跳。
- <사람들이 떠드는 소리에>는 피동형으로 <**被**>를 이용하여 표현하고, <**吓了**> 앞에 놓는다.

⑤ 그 곳은 그림이 **매우 아름답게** 장식되어 있습니다.
　　　　　　　　<안긴 문장>

⇩

<주어>　　+　　<서술어>　　+　　<안긴 문장>

그 곳은 그림이 + 장식되어 있습니다 + **매우 아름답게**
那个地方的画　　　装饰得　　　　　**很漂亮**

装饰 zhuāngshì
장식하다

▶ 那个地方的画装饰得很漂亮。
- <매우 아름답게>를 정도보어로 옮겨 <**装饰得很漂亮**>으로 표현한다.

⑥ 나는 **발에서 땀이 나도록** 뛰었습니다.
　　　　　　&lt;안긴 문장&gt;

　　　　　　⇩

&lt;주어&gt; + &lt;서술어&gt; +　　&lt;안긴 문장&gt;

<u>나는</u>　　<u>뛰었습니다</u> + **발에서 땀이 나도록**
我　　　　跑得　　　　　脚都出汗

▶ 我跑得脚都出汗了。
- &lt;발에서 땀이 나도록&gt;을 정도보어로 만들어 &lt;**跑得脚都出汗了**&gt;라고 표현한다.

出汗 chūhàn
땀이 나다

### 03 안긴 문장을 인용절로 표현한다.

　인용절은 주로 &lt; ~ 라고 하다&gt;, &lt;~라고 듣다&gt; 등의 형태로 한 문장 속에 또 다른 내용을 인용하여 표현하는 걸 말한다. 안긴 문장을 하나의 독립된 문장으로 만들어 복문으로 표현하면 좋다.

| 우리말 안은 문장 | 중국어 어순 |
|---|---|
| 주어 + **안긴 문장** + 서술어 (~라고 하다)<br>(인용절) | 주어 + 서술어,<br>**안긴 문장** |

### 예문

① 그녀는 **여기가 이렇게 변할 줄 몰랐다**고 했습니다.
　　　　　　&lt;안긴 문장&gt;

　　　　　　⇩

&lt;주어&gt; + &lt;서술어&gt; +　　　&lt;안긴 문장&gt;

<u>그녀는</u>　<u>~고 했습니다</u> + **여기가 이렇게 변할 줄 몰랐다**
她　　　　说了　　　　　　没想到这里会变成这样

- ▶ 她说了, 没想到这里会变成这样。
- &lt;그녀가 말했습니다, 여기가 이렇게 변할 줄 몰랐다고&gt;라고 복문 형태로 옮긴다.
- &lt;여기가 이렇게 변할 줄 몰랐다&gt;를 &lt;没想到这里**会**变成这样&gt;으로 옮길 때 조동사 &lt;**会**&gt;를 써야 의미가 명확해진다.

② 그녀는 **아버지께서 너를 도와주실 거**라고 나에게 말했습니다.
&lt;안긴 문장&gt;

⇩

&lt;주어&gt;　　+　　&lt;서술어&gt;　　+　　&lt;안긴 문장&gt;

그녀는　나에게　~라고 말했습니다 + **아버지께서 너를 도와주실 거**
她　　对我　　　说　　　　　　　　**爸爸要帮助你**

- ▶ 她对我说, 爸爸要帮助你。
- &lt;아버지께서 너를 도와주실 거&gt;에서 조동사 &lt;**要**&gt;는 미래 시제를 표현하므로 빼놓지 않도록 주의한다.

③ 경찰은 엄마에게 **지갑을 어디서 잃어버렸느냐**고 물었습니다.
&lt;안긴 문장&gt;

⇩

&lt;주어&gt;　　+　　&lt;서술어&gt;　　+　　&lt;안긴 문장&gt;

경찰은　엄마에게　물었습니다 + **지갑을 어디서 잃어버렸느냐고**
警察　　对妈妈　　　问　　　　　**你的钱包在哪儿丢的**

- ▶ 警察对妈妈问, 你的钱包在哪儿丢的?
- 경찰이 엄마에게 묻는 상황으로 &lt;**你的**钱包~~ &gt;라고 해야 의미가 명확해 진다.

④ **올 여름에는 큰 비가 자주 내릴 것**이라고 합니다.
<안긴 문장>
⇩
        <서술어>   +   <안긴 문장>
~ 라고 합니다 + **올 여름에는 큰 비가 자주 내릴 것**
  据说         **今年夏天经常下大雨**

▶ 据说, 今年夏天经常下大雨。
- <**据说**>는 사실 혹은 객관적인 데이터에 근거하여 <~라고 한다>라는 뜻으로 <**听说**>와는 의미가 다르다.

⑤ 처음 바다를 본 그녀는 **정말 넓다고** 혼잣말을 했다.
                <안긴 문장>
⇩
    <주어>   +  <서술어>  + <안긴 문장>
처음 바다를 본 그녀는 혼잣말을 했다 + **정말 넓다고**
第一次看到大海的她   自言自语道    **真的很宽阔**

▶ 第一次看到大海的她自言自语道, 海真的开阔。

自言自语 zìyánzìyǔ 혼잣말하다
开阔 kāikuò 넓다, 광활하다

⑥ 그는 **이번 프로젝트를 반드시 성공시킬 것이라고** 공언하였다.
                <안긴 문장>
⇩
<주어>+<서술어>    +    <안긴 문장>
그는  공언하였다 + **이번 프로젝트를 반드시 성공시킬 것이라고**
他    声称        **这次项目一定要成功**

▶ 他声称这次项目一定要成功。
- <这次项目一定要成功>을 <**声称**> 뒤로 보내 한 문장으로 표현한다.

声称 shēngchēng 공언하다
项目 xiàngmù 프로젝트

⑦ 그는 **나에게 빨리 집에 가자고** 재촉하였습니다.
&lt;안긴 문장&gt;

⇩

&lt;주어&gt; + &lt;서술어&gt; + &lt;안긴 문장&gt;

그는 　 재촉하였습니다 + **나에게 빨리 집에 가자고**
他　　　催促　　　　　　**我赶紧回家**

催促 cuīcù
재촉하다
赶紧 gǎnjǐn
빨리, 서둘러

▶ 他催促我赶紧回家。
- &lt;빨리 집에 가자고&gt;를 동사 &lt;**催促**&gt; 뒤로 보내 단문으로 표현한다.
- &lt;나에게 빨리 집에 가지고&gt;는 사역형이다. 먼저 &lt;**让** + 我 + 赶紧回家&gt;로 쓰고, &lt;**让**&gt;을 &lt;재촉하다 ---&gt; **催促**&gt;으로 바꿔 문장을 완성한다.

### 작문 가이드

안은 문장은 우리말의 중요 특징으로 많은 문장들이 이런 형태로 표현된다. 특히 **&lt;안긴 문장&gt;의 성질에 따라 중국어로 표현하는 방식도 달라진다는 점을 주의해야 한다.** 또한 연동문으로 작문하는 경우도 있으니 연동문의 표현 방법도 잘 익혀야 한다.

# 03 이어진 문장의 작문

우리말의 이어진 문장이란 두 개의 절이 <**연결 어미**>에 의해 앞 절, 뒤 절의 형태로 연결된 문장을 말한다. 예를 들어, <그 물건은 너무 비싸다>, <내가 살 수 없다>라는 두 개의 절을 연결 어미 < ~라서 >로 연결하여 <그 물건은 너무 비싸서 내가 살 수 없다>라고 한 문장으로 표현한다. 중국어는 이와 유사한 특징을 가진 문형을 <**복문**>이라고 한다.

그 물건은 너무 **비싸다**. 내가 **살 수 없다**.
　　　이유(원인)　　　　결과

⇩

그 물건은 너무 비싸서 내가 살 수 없다. (이어진 문장)
**연결 어미**

⇩

▶ **因为**那个东西太贵, **所以**我买不起。

예문의 중국어는 접속사 <**因为**>와 부사 <**所以**>가 두 개의 절을 이어주는 <연결 어미> 역할을 한다. 중국어의 접속사는 문장 속에서 병렬, 선택, 인과, 전환, 조건 및 가정 등 여러 의미를 표현하는 부분이다.

 주의

이어진 문장을 중국어로 옮길 때는 앞 절과 뒤 절의 상관관계를 나타내는 접속사를 잘 선택해야 한다.

## 01 병렬, 대조, 선택 등등으로 이어진 문장

### 예문

① 그녀는 우등생이**면서** 운동선수**이기도** 합니다.
　　　　　　　既　　　　　　又

▶ 她**既**是优秀学生, **又**是运动选手。

- < ~~면서 ~~이기도> : 두 개의 명사적인 의미를 나열할 때 사용하는 연결 어미로서 <**既**~~ **又**~~ >로 표현한다.

优秀 yōuxiù
우수하다
选手 xuǎnshǒu
선수

② 우리 걸으**면서** 이야기를 하였습니다.
　　　　一边~ 一边~

▶ 我们**一边**走路**一边**说话了。

- < ~~ 면서 ~~하다> : 여러 동작을 동시에 실행할 때 사용하는 연결 어미로서 <**一边**~~ **一边**~~ >으로 옮긴다. 이 때 <**一**>는 생략해도 된다.

③ 오늘은 선생님이 오시**든지** 아니면 내가 갑니다.
　　　　　　　　　要么

▶ 今天**要么**老师来, **要么**我去。

- <~~ 든지> : ~~하든지 ~~하든지 / ~~하거나 ~~하거나 등, 선택적인 상황에서 주로 사용되는 연결 어미로서 <**要么**~~ **要么**~~ >로 나타낸다.

④ 그들은 중국에 가는 **게 아니라** 미국으로 **갑니다**.
　　　　　　　　　不是~ 而是~

▶ 他们**不是**去中国, **而是**去美国。

- < ~~가 아니고 ~~ 이다> : <**不是**~~ **而是**~~ >로 표현한다.

性格 xìnggé
성격

⑤ 그녀는 얼굴이 예쁠 **뿐만 아니라** 성격도 매우 **좋습니다**.
　　　　　　　　　　　不仅　　　　　　　　　　而且

▶ 她**不仅**长得很漂亮, **而且**性格也特别好。

- < ~~뿐만 아니라 ~~하다> : <**不仅**~~ **而且**~~ >로 나타낸다.

受苦 shòukǔ
고생하다

⑥ 타향에서 고생**하느니** 고향으로 돌아가는 **게 낫습니다**.
　　　　　　　　与其　　　　　　　　　　　　　不如

▶ **与其**在他乡受苦, **不如**回老家去。

- <하느니 ~~가 낫다> : <**与其**~~ **不如**~~ >로 옮긴다.

## 02 연속 관계로 이어진 문장

예문

调查 diàochá
조사하다

① **먼저** 문제를 명확하게 조사하고 **나서** 해결 방법을 연구합니다.
　　先　　　　　　　　　　　　　　再

▶ **先**把问题调查清楚, **再**研究解决办法。

- 先~, 再~ : 먼저 ~고 나서 ~ 하다 (再 대신 就, 然后, 接着 등을 사용할 수 있다)

停留 tíngliú
체류하다

② 그는 북경에서 며칠 **머무른 후** 일본으로 갈 겁니다.
　　　　　　　　　　然后

▶ 他**将**在北京停留几天, **然后**要去日本。

- 然后~ : ~ 한 후에 / 그리고 나서 , <**将**>은 <곧 ~~을 것이다>를 표현한다.

## 03 원인, 가정, 조건, 목적으로 이어진 문장

### 예문

① 물건은 매우 좋**지만**, 너무 비쌉니다.
　　　　　　　　　**不过**

▶ 东西是非常好, **不过**价格太贵。
• 不过~ : 그러나, 다만, <**不过**>는 우리말의 연결 어미 < ~~지만>의 역할을 하며, 중국어의 뒤 절 앞부분에 놓는다.

② 평소 그가 오만**하여** 주변 사람들이 좋아하지 않습니다.
　　　　　　　　**因为**

▶ **因为**他平时太自傲, **所以**大家都不喜欢他。
• 因为~ 所以~ : ~ 하기 때문에 그래서 ~ 하다

自傲 zì'ào
오만하다

③ 어제 저녁에 당신에게 **전화를 못한 건** 회의가 있었기 **때문입니다**.
　　　　　　　　　　　**之所以**　　　　　　　　**是因为**

▶ 昨天晚上**之所以**没给你打电话, **是因为**有个会议。
• 之所以~ 是因为~ : ~ 한 이유는 ~ 때문이다.

④ 그의 과실이라는 것이 확실해진 **이상**,
　　　　　　　　　　　　　**既然**

  그**도** 책임을 지지 않을 수 없습니다.
  　**也**

▶ **既然**已经弄清楚是他的过错, 他也不能不负责任吧。
• 既然~ 就~ : ~ 한 이상 / ~ 할 바에는

责任 zérèn
책임

失败 shībài
실패하다

吸取 xīqǔ
받아들이다

⑤ 그는 **비록** 사업에 실패했**지만** 많은 교훈을 얻었습니다.
　　　虽然　　　　　但是

▶ **虽然**他事业失败了, **但是**吸取了很多教训。
- 虽然~ 但是~ : 비록 ~ 하지만 ~ 하다

⑥ 자신의 목표를 실현하기 **위해** 우리는 열심히 노력하고 분투해야 합니다.
　　　　　　　　　　　为了

奋斗 fèndòu
분투하다

▶ **为了**实现自己的目标, 我们要努力奋斗。
- 为了~ : ~ 위해서

⑦ 엄마는 김치를 담그기 **위해** 배추 20포기를 주문했습니다.
　　　　　　　　　　　为了

腌泡菜
yān pàocài
김치를 담구다

▶ 妈妈**为了**腌泡菜, **就**订了20棵白菜。
- 为了~ 就~ : ~하기 위해 ~ 하다

⑧ 카페에서 차를 마실 **뿐만 아니라** 공부**도** 할 수 있습니다.
　　　　　　　　　　不但~　　　而且 ~

▶ 在咖啡厅里**不但**喝茶, **而且**可以看书。
- 不但~ 而且~ : ~을 뿐만 아니라 ~ 하다, 상황에 따라 <不但> 뒤에 <**也**>, <**还**> 등이 오기도 한다.

⑨ 걱정하지 마세요, 비가 오더**라도** 저는 꼭 오겠습니다.
　　　　　　　　　　　　即使

▶ 您别担心, **即使**下雨我一定来。
- 即使~ : 설령 ~ 하더라도, 뒤에 <**也**>가 호응되어 사용되기도 한다.

⑩ 네가 열심히 공부**하다면** 이번 시험에 합격할 것입니다.
　　　　　　　　如果

▶ **如果**你好好学习**的话**, **就**能考上这次考试。
· 如果~~的话, 就 : 만약 ~~라면, ~ 하다


⑪ 사람은 한 가지 기술**만** 있**어도** 절대 밥 굶지 않습니다.
　　　　　　　　只要 ~ 就

▶ **只要**人有一技之长, **就**绝对不会饿肚子。
· 只要~ 就~ : ~ 만해도 ~ 하다, 강조의 뜻을 포함하고 있다.

一技之长
yī jì zhī cháng
장기, 뛰어난 재주

⑫ **발언하고 싶은 사람**이 있으면, 누구든지 **발언하세요**.
　　 谁**愿意发言**　　　　　　　　就发言

▶ 谁**愿意发言**, 谁**就发言**。
· 위의 예문은 연쇄 관계로서 뒤 구절이 앞 구절의 내용을 이어받아 표현한다.

发言 fāyán
발언하다

> **작문 가이드**

　우리말의 <이어진 문장>을 중국어로 옮길 때 각 절을 이어주는 <연결 어미>를 주의 깊게 봐야 한다. **연결 어미는 전체 문장의 의미에도 영향을 미치는 요소로서, 알맞은 접속사 혹은 부사를 잘 선정해야 원문의 뜻과 부합하는 좋은 문장으로 만들 수 있다.**

chapter 04

# 우리말을 중국어로 옮길 때 주의할 점

우리말과 중국어는 표현 방식이 달라 우리말을 중국어 옮길 때 주의할 점들이 있다. 중국어다운 문장으로 작문을 하기 위해 어떤 점을 주의해야 할지 알아본다.

- 01 중국어는 중요한 내용을 앞 절에서 표현한다
- 02 중국어는 대명사를 써야 의미 전달이 명확해진다
- 03 상황에 어울리는 동사를 쓴다
- 04 동사를 명확하게 사용한다
- 05 심리동사 사용에 주의한다
- 06 조동사를 사용하여 의미를 명확하게 전달한다.
- 07 군더더기를 빼고 간결하게 표현한다
- 08 중국어는 양사가 있어야 자연스럽다

# 01 중국어는 중요한 내용을 앞 절에서 표현한다.

우리말은 <목적 관계>를 나타낼 때 대개 앞 절에서 이유 혹은 원인을 설명하고, 뒤 절에는 중요 내용을 표현한다. 이것은 서술어가 문장 끝에 위치하는 우리말의 특징에서 비롯된 표현 방식이다. **중국어는 중요한 내용(행위의 목적)은 앞 절에 나오고, 그에 따른 이유, 원인 등은 뒤 절에서 표현한다.**

우리말 표현 방식 :

옷이 비에 **젖지 않도록** 빨리 비옷으로 **갈아입으세요**.
        이유 부분                중요 부분

⇩

중국어 표현 방식 :

빨리 비옷으로 **갈아입으세요**, 옷이 비에 **젖지 않도록**
    你快穿上雨衣,     免得淋湿你的衣服。
      중요 부분             이유 부분

淋湿 línshī
(비 혹은 물 등)
젖다

| 우리말의 서술 패턴 | 중국어 서술 패턴 |
|---|---|
| 이유 부분 + 연결 어미 + 중요 부분 | 중요 부분 + 접속사(혹은 부사) + 이유 부분 |

 주의

목적 관계를 나타낼 때 자주 쓰는 접속사로는 <**以**>, <**以便**>, <**以免**>, <**省得**>, <**以防**> 등등이며, 뒤 절의 앞부분에 온다. 경우에 따라 접속사를 생략하기도 한다.

**예문**

① 다른 사람들이 모두 들을 수 **있도록** 큰 소리로 말씀하세요.
　　이유 부분　　　　　　　**好**　　　중요 부분

⇩

　**큰 소리로 말씀하세요**, 다른 사람들이 모두 들을 수 있도록
▶ 你要大声说, **好**让大家都听得到。
- 好 : ~ 할 수 있도록 (앞 절에서 말한 동작의 이유 혹은 목적을 나타낸다)

② 체하지 **않도록** 천천히 꼭꼭 씹어 드세요.
　이유 부분 **免得**　　　중요 부분

⇩

　**천천히 꼭꼭 씹어 드세요**, 체하지 않도록
▶ 你细细嚼着吃吧, **免得**闹肚子。

嚼 jiáo
(음식물 등) 씹다

③ 감기에 걸리지 **않도록** 옷을 많이 입으세요.
　　이유 부분 **免得**　　　중요 부분

⇩

　**옷을 많이 입으세요**, 감기에 걸리지 않도록
▶ 你要多穿衣服, **免得**着凉。
- 免得 : ~ 지 않도록 (부정적인 결과를 초래하지 않도록 상기시킨다)

着凉 zháoliáng
감기 들다

④ 그는 이번 시험에서 좋은 성적을 내**기 위해** 열심히 공부했다.
　　　　이유 부분　　　　　**为的是**　중요 부분

⇩

　**열심히 공부했다**, 그는 이번 시험에서 좋은 성적을 내기 위해

▶ 他努力学习, **为的是**这次考试取得好成绩。
- 为的是 : ~을 위해서, ~ 때문이다
- 목적을 좀 더 강조하여 표현할 경우 <**为了**>를 문장 앞에 써서 <**为了**这次考试取得好成绩, 他努力学习>라고 표현할 수 있다.

⑤ 다음에 연락하기 편**하도록** 전화번호를 남겨주세요.
　　이유 부분　　**以便**　　중요 부분
⇩
**전화번호를 남겨주세요**, 다음에 연락하기 편하도록
▶ 你给我留一个电话号码, **以便**下次好联系。
- 以便 : (~ 하기에 편리) 하도록, ~ 하기 위하여

⑥ 그 때 가서 허둥대지 않으**려면** 미리 준비를 하세요.
　　이유 부분　　**省得**　　중요 부분
⇩
**미리 준비를 하세요**, 그 때 가서 허둥대지 않으려면
▶ 你要趁早准备一下, **省得**临时着慌。

趁早 chènzǎo
일찌감치 서둘다
临时 línshí
그 때 가서
着慌 zháohuāng
허둥대다

⑦ 당신이 왔다갔다 **할 필요 없이**, 일 있으면 전화하세요.
　　이유 부분　　**省得**　　중요 부분
⇩
**일 있으면 전화하세요**, 당신이 왔다갔다 할 필요 없이
▶ 有事可以打电话, **省得**你来回跑。
- 省得 : ~ 하지 않기 위해 (주로 부정적인 상황을 대비하여 표현할 때 사용한다)

⑧ 습기 차지 **않게** 약은 건조한 곳에 두어야 합니다.
    이유 부분 **以防**      중요 부분

⇩

**약은 건조한 곳에 두어야 합니다**, 습지 차지 않게
▶ 药要放在干燥的地方, **以防**受潮。
- 以防 : ~ 하지 않도록, ~ 방지하도록 (부정적인 상황을 사전에 대비하여 표현할 때 사용한다)

干燥 gānzào
건조하다

受潮 shòucháo
습기차다

⑨ 헛걸음할 수 **있으니**, 오기 전에 미리 알려주세요.
    이유 부분    **怕**     중요 부분

⇩

**오기 전에 미리 알려주세요**, 헛걸음할 수 있으니
▶ 你来之前先告诉我, 我**怕**你扑空。
- 怕 : ~ 할까봐, ~할 것 같다 (어떤 일이 발생하는 걸 추측하며 말할 때 사용한다)

扑空 pūkōng
헛걸음하다,
허탕치다

⑩ 무상 수리 기간이 **지나기 전에** **빨리 고치세요**.
    이유 부분   **别** + 过    중요 부분

⇩

**빨리 고치세요**, 무상 수리 기간이 지나기 전에
▶ 你快点儿去修, **别**过保修期。
- 别 : ~ 하지 않도록 (여기서는 어떤 일이 부정적으로 변하는 걸 방지하는 의미로 사용한다)

保修期 bǎoxiūqī
보증 기간

⑪ 당신의 우상이 경쟁 상대가 **될 때까지** **열심히 일하세요**.
　　　이유 부분　　　　　　　直到　　　중요 부분

⇩

**열심히 일하세요**, 당신의 우상이 경쟁 상대가 될 때까지
▶ 努力工作, 你的偶像变成你的竞争对手。

- 直到 : ~에 이르다, ~할 때까지 (주로 시간적인 의미로 사용된다)

偶像 ǒuxiàng
우상

竞争 jìngzhēng
경쟁하다, 경쟁

### ⚠️ 주의

　예문 ⑩, ⑪처럼 접속사 혹은 부사 없이 앞 절에서 중요 부분을 서술하고 뒤 절에서 이유를 나타내는 경우도 있다.

### 작문 가이드

　우리말의 목적 관계를 나타내는 문장을 중국어로 옮길 때는 중요 부분을 먼저 서술하고 뒤에 이유 부분을 표현한다. 이 때 **우리말의 연결 어미( ~ 도록 / ~ 하게)를 잘 파악한 후 적절한 접속사 혹은 부사를 활용하여 표현한다.**

## 02 중국어는 대명사를 써야 의미 전달이 명확해 진다.

우리말은 동사와 형용사가 중심인 언어로서 의미 전달에 큰 문제가 없다면 주어를 생략하거나 대명사를 거의 쓰지 않는다. 반면 중국어는 명확한 의미 전달을 위해 주어, 대명사 혹은 대상을 표시해야 한다.

예를 들어, <집에 도착하면 전화하세요>라고 주어 또는 대상을 생략한 표현은 우리말에서 흔히 볼 수 있다. 이것을 중국어로 <到了家, 打电话>라고 주어 혹은 대상을 빼고 옮긴다면 어색하고 의미가 제대로 전달되지 않는다. <你到了家, 给我打电话>라고 해야 자연스럽고 명확하게 의사 전달이 된다.

| 우리말의 서술 패턴 | 중국어 서술 패턴 |
|---|---|
| 의미 전달에 문제가 없다면 주어를 생략하거나 대명사를 쓰지 않는다 | 명확한 의미 전달을 위해 주어, 혹은 대명사를 써야 한다 |

**예문**

① 그는 이 방면에 경험이 없는데, (그에게) 이런 일을 맡긴다는 건 적절하지 않습니다.
▶ 他对这个方面没什么经验, 让他担任这种工作不合适。
• <그에게 이런 일을 하게 한다>라는 뜻으로 <让他 + 担任>으로 표현한다.

担任 dānrèn
담당하다, 맡다

② 나는 배드민턴을 좋아하여 주말이면 언제나 친구들과 (**배드민턴을**) 2시간 정도 친다.
▶ 我喜欢打羽毛球, **每**逢周末**都**跟朋友打**它**两个小时。
- <**它**>를 써야 의미를 명확하게 전달할 수 있다.
- <**每** ~ **都** ~>는 대개 규칙적이거나 습관적인 행동을 표현할 때 사용한다.

逢 féng
만나다,
~ 때가 되다

③ 당신은 나에게 다시는 지나간 일들을 꺼내지 마세요, 과거의 일은 (**과거로서**)그냥 흘러보냅시다.
▶ 你不要和我再**提**那些旧事, 过去的就让**它**过去吧。
- < ~~을 꺼내다>는 < ~~ 언급하다>라는 뜻으로 <**提**>로 표현한다.

④ 매일 출근하는데 버스와 전철로 3시간이나 걸려서 정말 (**사람이**) 못 견디겠습니다.
▶ 每天上班坐地铁和公共汽车需要三个小时, 真叫**人**受不了。
- <**人**>은 주어 자신을 뜻하며, <자신이 매우 힘들다>를 <真叫**人**受不了>로 표현한다.

⑤ 꽤 여러 차례 실험을 했지만 끝내 (**사람들이**) 만족할만한 성과를 얻지 못 했다.
▶ 虽然试验了好几次, 但始终没得到令**人**满意的成果。
- <만족할만한 성과>는 <令**人**满意的成果>로 옮긴다.

试验 shìyàn
시험, 시험하다
始终 shǐzhōng
시종, 줄곧

慎重
shènzhòng
신중하다

총公司
zǒng gōngsī
본사

⑥ 신중을 기하기 위해, 본사에 연락해서 (**사람들이**) 검토하게 할 겁니다.
▶ **为了**慎重**起见**，我还要总公司联系一下，让**他们**研究研究。
- **为了** ~ **起见** : ~~ 하기 위해서, ~의 목적으로 (문장 앞에 놓아 목적 혹은 행위를 강조한다)
- <**他们**>은 본사 사람들을 가리킨다.

脾气 píqi
성격, 기질

⑦ 형은 아버지 성격을 잘 알고 있지만, (형은) 아버지의 도움이 필요했기에 (형은) 어쩔 수 없이 아버지 말씀에 따랐다.
▶ **哥哥**很明白爸爸的脾气，但**他**需要爸爸的帮助，只好**他**听爸爸的话了。

 주의

 위의 우리말 예문은 주어인 <형>이 문장 첫머리에만 나오고 나머지 부분은 생략을 해도 의미 전달에 큰 문제가 없다. 반면 중국어 예문에는 <**哥哥**>와 <**他**>를 각 절마다 명확하게 써야 한다. 하지만 일부 학습자들은 우리말 예문만 보고 주어인 <**哥哥**> 혹은 대명사 <**他**>를 쓰지 않아 문장이 자연스럽지 못한 경우가 있다. **중국어는 각 단문마다 주어 혹은 대명사가 명시되어야 의미가 명확하게 전달된다.**

### 작문 가이드

우리말에서 대명사를 많이 쓰지 않는 이유 중 하나를 <**존댓말**>에서 찾을 수 있다는 연구 결과가 있다. 예를 들어, <누가 이 심부름을 시켰나요?>라고 물었을 때, <아버지께서 시켰습니다>라는 대답을 <그가 시켰습니다>라고 아버지 대신 <그>라는 대명사를 써서 말하지 않는다. **존댓말이 발달한 우리말은 상대방이 누구냐에 따라 호칭도 각기 달라지는 특징이 있어 대명사를 많이 쓰지 않는다고 한다.** 우리말의 관습적인 특징도 잘 이해하고 이에 맞춰 적절하게 중국어로 옮겨야 좋은 문장이 된다.

# 03 상황에 어울리는 동사를 쓴다

우리말은 여러 동작이나 행위를 하나의 동사로 함축적으로 표현하기도 한다. 하지만 중국어는 각각의 상황에 따라 어울리는 동사를 써서 표현해야 한다.

| 우리말의 서술 패턴 | 중국어 서술 패턴 |
| --- | --- |
| 여러 동작, 행위를 하나의 동사로 함축적으로 표현한다 | 각 상황에 어울리는 동사로 각각 구분해서 표현한다 |

아래 우리말 예문의 <보다>는 눈으로 대상을 <관찰하다>라는 기본적인 뜻 외에 <진행하다>, <해결하다>, <가리다>, <수행하다>, <고려하다> 등의 의미로 확장되어 사용한다.

### 예문

① 내일부터 시험을 **봅니다**.
　　　　　　　　　**进行**

▶ 从明天开始**进行**考试。

- <시험을 보다>는 <시험을 진행하다>라는 의미를 나타낸다.
- <开始>는 뒤에 동사를 갖는 조동사적인 기능이 있어 <**开始** + **进行**>라고 옮긴다.

② 아무데나 대소변을 **보면** 안 됩니다.
　　　　　　　　**解**

▶ 不许随地**解**大小便。
- <대소변을 보다>는 <해결하다>라는 의미를 나타낸다.
- <안 됩니다>라고 금지를 뜻하는 표현은 <**不许**> 또는 <**不应该**> 등으로 옮긴다.

不许 bùxǔ
~ 해서는 안 된다, 불허하다

随地 suídì
아무데나, 어디서나

③ 오늘 우리 여기서 **승부를 봅시다**.
　　　　　　　　　**决一胜负**

▶ 我们今天在这里**决一胜负**吧。
- <승부를 봅시다>는 <승부를 가리다, 결판을 내다>라는 의미를 표현한다.

决一胜负
jué yī shèng fù
승부를 가리다

④ 그는 이번 행사에서 사회를 **봅니다**.
　　　　　　　　　　　　　**做**

▶ 他这次活动**做**主持。
- <사회를 봅니다>는 <진행자 역할을 수행한다>라는 의미를 나타낸다.

主持 zhǔchí
주관하다,
(행사, 회의 등을)
진행하다

⑤ 기회를 **봐서** 얘기를 합시다, 아무 때나 꺼내면 안 됩니다.
　　　　**看**

▶ 要**看**时机提一提, 不能乱说。
- <기회를 봐서>는 <시기를 고려하다, 상황을 판단하다>라는 의미를 나타낸다.

时机 shíjī
시기, 기회

⑥ 정부에서 관련 정책을 내놓았지만, 별 **성과를 보지** 못 했습니다.
　　　　　　　　　　　　　**取得成果**

▶ 政府已出台了有关政策, 但并没有**取得**什么**成果**。

出台 chūtái
(정책, 조치 등을)
발표하다

政策 zhèngcè
정책

取得 qǔdé
취득하다
成果 chéngguǒ
성과, 결과

- <성과를 보다>는 <성과를 얻다>라는 뜻으로 <**取得** + **成果**>로 옮긴다.
- <관련 정책<은 <**有关** + **政策**>로 표현한다.

⑦ 이 약을 먹으면 금방 **효과를** 볼 겁니다.
　　　　　　　　　　　　　见效

见效 jiànxiào
효과를 보다,
효험이 나타나다

▶ 你吃这种药, 很快就会见效的。
- <효과를 보다>는 <효과가 드러나다>라는 뜻으로 <**见效**>라고 옮긴다.
- < ~~을 겁니다>는 추측을 나타내는 <**会** ~~ **的**>로 표현한다.

⑧ 사기 사건은 일반적으로 **이익을 보는** 사람부터 수사를 합니다.
　　　　　　　　　　　　　　　受益

诈骗案
zhàpiànàn
사기 사건

▶ 诈骗案一般从受益者开始查起。
- <이익은 보다>는 <이익, 혜택 등을 받다>라는 뜻으로 <**受益**>라고 옮긴다.

⑨ 경찰의 도움으로 가해자와 **합의를 보았습니다**.
　　　　　　　　　　　　　　　达成协议

肇事者
zhàoshìzhě
사고를 일으킨
사람
达成 dáchéng
달성하다
协议 xiéyì
합의하다

▶ 在警方的帮助下, 与肇事者达成了协议。
- <합의를 보다>는 <합의에 도달하다>라는 뜻으로 <**达成** + **协议**>라고 옮긴다.

⑩ 그녀는 80이 넘어서야 **손자를 봤습니다**.
　　　　　　　　　　　抱孙子

▶ 她80多岁才抱孙子了。(손자를 얻다)
· <손자를 보다>는 <손자를 얻다>라는 뜻으로 <抱 + 孙子>라고 옮긴다.

### 작문 가이드

　중국어는 동사가 풍부하고 세분된 언어로서, 각 상황에 따라 사용하는 동사가 매우 다양하다. **우리말을 중국어와 1 : 1 대응 관계로 보지 말고, 상황에 맞는 동사로 표현해야 한다.** 사용해야 할 동사를 잘 모를 경우, 먼저 목적어 혹은 중점적인 내용의 단어를 사전에서 찾아보자. 여러 예문을 통해 상황에 적합한 동사를 찾을 수 있다.

## 04 동사를 명확하게 사용한다.

간혹 우리말은 사물 혹은 대상만 제시하고 이와 관련된 서술어(주로 동사)를 생략해도 의미 전달에 큰 문제가 없는 경우가 있다. 예를 들어, <시간 참 빠르다>라는 문장은 대상인 <시간>만 제시하고, <가다>, <흐르다> 등 상응하는 동사가 없다. 이처럼 서술어 없이 사물 혹은 대상만 나타내는 문장은 논리적으로 맞진 않지만, 우리말에서 종종 볼 수 있는 표현 방식이다.

하지만 위의 예문을 중국어로 <时间非常快>라고 옮긴다면 잘못된 문장이다. 반드시 동사 <过>를 써서 <时间过得非常快>라고 옮겨야 된다.

### ⚠ 주의

우리말만 보고 서술어를 빼고 사물 혹은 대상만 중국어로 옮긴다면 부자연스럽거나 잘못된 문장이 될 수 있다.

### 예문

① 요즘은 집 밖을 나서면 다 **돈이기** 때문에 집에 있는 게 돈을 버는 겁니다. (**돈을 쓰다**)

▶ 最近一出去就得花钱, 在家里等于赚钱。

- <돈이기>를 우리말 예문처럼 <钱>으로만 옮긴다면 의미가 잘 전달되지 않는다. <돈을 쓰다>라는 의미로 <花钱>으로 표현해야 한다.

等于 děngyú
~와 같다

赚钱 zhuànqián
돈을 벌다

- 조동사 <**得**>를 함께 써서 <**得** + **花钱**>으로 표현하면 <돈을 쓰게 되다>라는 의미가 명확해져 원문의 뜻을 잘 살릴 수 있다.
- < **一** ~~ **就** ~~ >는 <~~ 하면 ~~ 하다>라는 뜻으로 쓰인다.

② 오늘은 날씨가 그리 덥지 않으니 **에어컨은 필요 없습니다**.
(**에어컨을 켤 필요가 없다**)

▶ 今天天气不太热, 不用**开**空调。

- <에어컨을 켤 필요 없다>라는 의미로서 <**不用开** + **空调**>라고 동사를 함께 쓴다. <**开**>를 빼고 < ~ **不用空调**>라고 옮길 수도 있으나 동사를 함께 쓰는 게 의미 전달에 좋다.

③ **곧 여름 방학인데** 당신은 무엇을 할 겁니까?
(**곧 여름 방학이 되는데**)

▶ 快要**放**暑假了, 你要做什么?

- <여름 방학이 시작되다>라는 뜻으로 동사 <**放**>을 넣어 <**放** + **暑假**>라고 해야 자연스럽다.

暑假 shǔjià
여름 방학

④ 당신은 업무 보고서를 **다 끝냈습니까?**
(**다 썼습니까**)

▶ 你**写完了**工作报告吗?

- <다 끝냈습니까>는 <다 썼습니까>의 뜻으로 동사 <**写**>를 써서 <**写完了**>라고 해야 정확한 문장이 된다. 우리말 그대로 <你**完**了工作报告吗?>라고 옮긴다면 틀린 문장이다.

- 위의 예문을 <**你把工作报告写完了吗?**> 또는 <**工作报告, 你写完了吗?**>라고 옮겨도 좋다.

⑤ <u>**술은**</u> 사람을 느슨하고 즐겁게 하지만,
(**술을 마시다**)

또한 사람을 불친절하고 난폭하게 만듭니다.

▶ **喝酒**可以让人感到放松和愉快, 也可以让人变得不友善, 粗暴。

- 우리말에서 <술>은 <술을 마시다>라는 행위를 포함하지만, 중국어 <酒>는 단순히 <술>이라는 대상만 가리킨다. 위의 예문은 술을 마시는 행위가 긍정적인 면과 부정적인 면이 있음을 설명하므로 <**喝酒**>라고 옮겨야 한다.
- 위의 예문은 <사람을 ~~하게 만든다>라는 사역형 문장으로 <**让** + **人**>을 써서 표현한다.

放松 fàngsōng
(근육 등을)
이완시키다,
풀어지다

愉快 yúkuài
즐겁다, 유쾌하다

友善 yǒushàn
다정하다, 친절하다

粗暴 cūbào
난폭하다, 거칠다

### 작문 가이드

우리말 문장 전체의 뜻을 파악한 후, **사물 혹은 대상과 어울리는 동사를 함께 써서 옮겨야 의미가 명확하게 전달되는 올바른 문장이 된다.**

# 심리동사 사용에 주의한다. 05

우리말은 주관적인 느낌을 나타낼 때 문장 끝에 〈 ~라고 느끼다〉, 〈 ~라고 생각한다〉 등으로 표현할 수 있고, 관련 형용사만으로 표현하기도 한다. **주관적인 느낌을 표현한 문장을 중국어로 옮길 때 심리 동사를 빠뜨리는 않도록 주의한다.**

## 예문
① 나는 어제 그의 오만한 태도가 매우 **불만족스러웠다**.
　　　　　　　　　　　　　　　感到 + 很不满

▶ 昨天我对他骄傲的态度感到很不满。

- 우리말 예문을 < ~ 불만족스럽게 느꼈다>라고 썼다면 <感到很不满>으로 옮길 수 있지만, <불만족스러웠다>라고 형용사만으로 서술되어 있어 <感到>를 생각하지 못 한다.
- <感到>를 빼고 < ~~ 很不满>만으로 써도 틀린 문장은 아니지만, 중국어는 <심리 동사 + 형용사>로 옮겨야 자연스럽다.

态度 tàidù
태도

② 나는 매우 **실망했지만** 당시의 좌절로 많은 교훈을 얻었다.
　　　　感到 + 非常灰心

▶ 虽然我感到非常灰心, 可是通过当时的挫折, 我得到的教训也不少

- <~~ 실망했지만>을 심리 동사를 함께 사용하여 <感到 + 非常灰心>이라고 옮긴다.

灰心 huīxīn
실망하다

挫折 cuòzhé
좌절하다

- 위의 예문을 <**虽然** ~~, **可是** ~~ >로 표현한다.
- <당시의 좌절로>는 <**通过**当时的挫折>로 표현한다.

③ 한국어의 존댓말은 외국인이 배우기에 **매우 복잡할 겁니다**.
觉得 + 很复杂

敬语 jìngyǔ
존댓말
复杂 fùzá
복잡하다

▶ 韩文里的敬语, 外国人学起来可能会觉得很复杂。
- < ~~ 복잡할 겁니다>는 심리 동사 <觉得>를 써서 <觉得 + 很复杂>라고 표현한다.
- <배우기에>는 <学起来>로 표현한다. <起来>는 동사 혹은 형용사 뒤에 붙어 동작이나 상황이 시작되거나 계속됨을 나타낸다.
- 추측을 나타내는 조동사 <会>를 써야 원문의 뜻이 명확하게 전달된다.

④ 나는 선생님의 지도로 공부에 **큰 어려움이 없었습니다**.
觉得 + 学习没有很困难

指导 zhǐdǎo
지도하다

▶ 因为有老师的指导, 所以我觉得学习没有很困难。
- 위의 예문은 인과 관계를 표현하는 <**因为**~~, **所以**~~ >로 옮긴다.
- < ~~ 어려움이 없었습니다>는 <觉得>를 이용하여 <觉得 + 学习没有很困难>라고 표현한다.

⑤ 나도 그 사람이 연기를 **제일 잘 한다고 생각합니다**.
觉得 ~~ + 演得最棒

演 yǎn
연기하다
棒 bàng
훌륭하다

▶ 我也觉得他演得最棒。
- 우리말 예문대로 <我也**想**~~ >라고 옮겨도 되지만, 심리

동사를 이용하여 <我也觉得>라고 표현하는 게 더 좋다.
- <연기를 제일 잘 한다>는 정도보어로 <演得最棒>이라고 표현한다.

### 작문 가이드

우리말의 주관적인 느낌을 중국어로 옮길 때는 **심리 동사인 <感到>, <觉得> 등을 활용하여 표현해야 자연스러운 문장이 된다.** 특히 형용사로 표현된 문장을 옮길 때 심리 동사를 빼놓지 않도록 주의한다.

## 06 조동사를 사용하여 의미를 명확하게 전달한다.

〈**要**〉, 〈**会**〉, 〈**能**〉, 〈**可以**〉 등은 우리가 초급 단계에서부터 접하는 조동사로서 용법은 그다지 어렵지 않다. 하지만 우리말을 중국어로 옮기는 과정에서 소홀히 하기 쉬운 부분이니 주의한다. 특히 〈~ 해야 한다〉, 〈~할 것이다〉, 〈~을 수 있다〉 등등의 서술 어미가 붙는 문장을 중국어로 옮길 때 상황에 맞는 조동사를 써야 원문의 뜻을 잘 살릴 수 있다.

### 예문

① 우리는 아직도 **해야 할** 일이 많습니다.

　　　　　要 + 做

▶ 我们还有很多事情要做呢。

- 〈해야 할〉: 미래 시제를 담고 있어 〈要〉로 옮긴다.
- 우리말 예문은 〈아직 할 일이 많이 남아 있음〉을 강조하는 어감을 가지고 있어 〈呢〉를 써서 표현한다.

② 저는 선생님께 **여쭤볼** 문제가 있습니다.

　　　　　要 + 问

▶ 我有个问题要问老师。

- 〈여쭤볼〉: 〈要〉를 빼도 잘못된 문장은 아니지만, 〈要〉는 말하는 사람의 의지와 미래 시제를 포함하고 있어 원문의 뜻을 명확하게 전달할 수 있다.

- 위의 중국어 예문은 <有>를 이용한 연동문으로, 먼저 <문제가 생기다 → 有问题> 후에 <선생님께 여쭤보다 → 问老师>라고 실질적으로 발생하는 동작을 순서대로 나열하여 표현한다.

③ 일이 생기면 당신은 언제든지 나를 **찾으세요**.
　　　　　　　　　　　　　　可以 + 找

▶ 有事你什么时候都**可以**找我。
- <찾으세요> : <可以>를 써서 상대에게 < ~~ 해도 된다>라는 허가의 의미를 나타낸다.
- <일이 생기면 ~~ > : <如果>, <要是> 등으로 가정 혹은 조건을 표현할 수 있으나, <有事>를 문장 맨 앞에 놓으면 접속사 없이 가정을 나타낸다.

④ 이런 것들은 모두 효과적으로 감염의 위험을 **낮출 수 있을 겁니다**.
　　　　　　　　　　　　　　会 ~~ + 降低

▶ 这些都**会**有效地降低感染的风险。
- <낮출 수 있을 겁니다> : 추측과 기대를 나타내는 것으로 <会>로 옮기는 게 좋다.
- <能>으로 표현한다면 <낮출 수 있다>라고 단정적인 어감을 줄 수 있어 적합하지 않다.

有效 yǒuxiào
효과적으로

降低 jiàngdī
낮추다

感染 gǎnrǎn
감염되다

风险 fēngxiǎn
위험

⑤ 어떤 사람들은 중국어 드라마를 많이 보면 회화 실력이 **향상될 것이라고** 생각합니다.
　　能 + 提升

▶ 有些人认为, 只要多看中文电视剧, 会话能力就**能**提升。

电视剧 diànshìjù
연속극, 드라마

提升 tísheng
향상되다

- <향상될 것이라고> : 추측의 뜻을 가지고 있지만, <능력이 향상되다>라는 의미에서 <能>으로 표현하는 게 좋다.
- < ~~하면 ~~ 하다> : 조건 혹은 가정을 나타내는 뜻으로 <只要 ~~ 就 ~~ >로 표현하는 게 좋다.

⑥ 쉬지 않고 연습해야만 날이 **갈수록 숙련됩니다.**
　　　　　　　　　　　　　　能 + 越来越熟练

▶ 不停地练手才能越来越熟练。

- < ~~ 숙련됩니다> : <숙련될 수 있다>라는 의미로 <能>으로 표현해야 원문의 뜻을 살릴 수 있다.
- < ~~ 해야만 ~~ > : 조건 또는 가정을 나타내는 연결 어미로서 <才>로 옮긴다.

### 작문 가이드

　중국어의 조동사는 서술어의 의미를 부가적으로 설명하는 요소로서 의미 전달에 매우 중요하다. 특히 <要>, <会> 등은 **미래 시제도 표현할 수 있어 우리말을 중국어로 옮길 때 쓰임새가 상당히 많다.**

## 07 군더더기를 빼고 간결하게 표현한다.

우리말을 중국어로 옮길 때 우리말의 조사 혹은 연결 어미에 너무 매몰되어 불필요하게 접속사를 붙이거나, 우리말식으로 중국어 문장을 만드는 경우가 있다. 중국어는 뜻글자라는 고유의 특징으로 앞 절, 뒤 절의 문맥으로 전체 문장의 내용이 이해된다면 접속사를 생략할 때가 많다. 우리말도 표현의 경제성과 명료성을 고려하여 접속사의 과도한 사용을 자제하는 것처럼, 중국어도 의사 전달에 문제가 없다면 핵심 내용만 간결하게 표현한다.

⚠️ **주의**

우리말의 조사와 연결 어미로 전체 문장의 뜻을 파악한 후, 가능하면 중요 내용만 간결하게 옮긴다.

**예문**

① 우리는 **말할 때나** **일할 때나** 모두 주관이 있어**야 합니다**.
　　　　说话　　做事　　　　　　　　要 + 有

▶ 我们说话做事都要有主见。
• < ~ 나 , ~ 나 > : 어떤 상황이든 일관되게 행동해야 한다는 의미로서 두 개의 동작을 대등하게 나열하여 <说话做事>라고 표현한다.

主见 zhǔjiàn
주관

- <말할 때>, <일할 때> : <说话**时**>, <做事**时**>라고 < ~~**时**>를 붙여 우리말식으로 표현하지 않는다. 우리말은 동작과 < ~할 때>라는 시제를 각각 구분해서 표현하지만, 중국어는 <서술어 + 목적어>로 구성된 행위는 시제를 따로 표현하지 않아도 된다. 강조하는 경우가 아니라면 굳이 < ~~**时**> 혹은 < ~~**的时候**>를 붙이지 않아도 된다.

### 보충 예문

- <식사할 때 소리를 내면 안 됩니다> : <식사**할 때**>를 <吃饭**时**> 또는 <吃饭**的时候**>라고 표현해도 되지만, <**吃饭不应该出声**>으로 간결하게 옮긴다.

② 지금 눈이 오는데, 저녁에 <u>**퇴근하고**</u> <u>**집에 갈 때**</u> <u>**운전**</u> 조심하세요.
　　　　　　　　　　　　　**下班**　　**回家**　**开车**

▶ 现在下雪了, 你晚上**下班回家开车**小心点儿。

- <집에 갈 때> : <**回家的时候**>라고 표현할 수도 있으나, 특별히 강조하는 게 아니라면 < **~的时候**>를 쓰지 않는 게 더 자연스럽다.
- <퇴근하다>, <집에 가다>, <운전하다> 등 여러 동작이 한 문장 속에 나오는 데, 접속사 혹은 부사 없이 동작의 순서대로 나열하여 표현한다.

③ <u>**외출하거나**</u> <u>**집에 돌아오**</u>면 항상 웃어른께 인사를 드려<u>**야 합니다**</u>.
　　**出门**　　　**回家**　　　　　　　　　　　**要**

▶ **出门回家**都**要**先跟长辈问好。

- < ~~면> : 가정, 조건 등을 나타내는 연결 어미로서 <**如**

长辈 zhǎngbèi
웃어른, 연장자

果>, <要是>, <假如> 등으로 표현한다. 하지만 위의 예문을 <如果出门回家都~~ >라고 표현하는 것보다 접속사를 빼는 게 훨씬 자연스럽다. 중국어는 <如果>, <要是> 등을 문장 앞에 놓으면 의미가 부각되는 데, 위의 예문은 강조가 아니라 일상의 생활 태도를 서술하는 것으로 접속사를 빼는 게 좋다.
- < ~야 합니다>를 나타내는 조동사 <要>를 함께 쓰면 좋다.

④ **쓰레기를 보면** 즉시 줍습니다.
　看到 + 垃圾 + 就

▶ 看到垃圾就随手捡起来。

随手 suíshǒu
즉시
捡 jiǎn
줍다

- < ~~ 면 ~~ 하다> : <如果看到垃圾就 ~~ >해도 되지만, <如果>, <要是>, <假如> 등등 접속사 없이 표현하는 게 깔끔하다.
- <就>가 < ~~면 ~~하다>를 나타내는 부사로서 가정, 조건의 뜻을 가지고 있다.

⑤ 차에서 내려 안쪽으로 **조금 걸어오면**
　　　　　　　　　　　走 + 几步

식당 간판이 보**일 겁니다**.
　　　　　　　会

▶ 你下了车, 往里边走几步 就会看到饭馆的招牌。

招牌 zhāopái
간판

- 예문 ④와 유사한 문형으로 <就>가 < ~~ 면>이라는 뜻을 가지고 있어 <如果>, <要是> 등을 쓸 필요가 없다.
- < ~일 겁니다> : 조동사 <会>를 써서 표현한다.

 주의

위의 예문 ③, ④, ⑤처럼 <**如果**>, <**要是**>, <**假如**> 등 접속사를 빼고 표현하는 게 자연스러운 경우도 있지만, 강조를 하거나 주의를 환기시키는 등 상황에 따라서 접속사 혹은 부사를 사용해야 되는 경우도 있으니 주의한다.

⑥ 나는 어제 **밤을 샜더니** **눈이 침침해서** 글자가 잘 안 보입니다.
　　　　　　　　**熬夜**　　　**眼花了**

熬夜 áoyè
밤을 새다
眼花 yǎnhuā
눈이 침침하다

▶ 我昨天**熬夜眼花了**, 字看得不太清楚。

- <**~~해서**> : 인과 관계를 나타내는 연결 어미로서 <**因为**我昨天熬夜眼花了, **所以**字看得不太清楚>라고 옮길 수 있다. 하지만 접속사와 부사를 빼고 표현해도 좋다. 우리말도 < ~~ 때문에 그래서 ~~ >라는 접속사를 빼고 연결 어미만으로 인과 관계를 알 수 있고, 훨씬 자연스러운 것과 같은 이유이다.

- <밤을 새서 눈이 침침하다> : 원인 <**熬夜**>와 결과 <**眼花了**>를 대등하게 나열하여 <**熬夜眼花了**>라고 표현해도 인과 관계를 표현할 수 있다.

- <글자가 잘 안 보입니다> : 정도보어로 <**字看得不太清楚**>라고 표현한다.

无法 wúfǎ
~할 수 없다
忍受 rěnshòu
견디어 내다
压力 yālì
압력, 스트레스
辞职 cízhí
사직하다

### 보충 예문

- <그는 업무의 스트레스를 견디지 못해 회사를 그만 두었습니다> : 원인 <업무의 스트레스를 견디지 못해 → **无法忍受工作的压力**>와 결과 <회사를 그만 두었습니다 → **辞职了**>를 접속사 없이 연결하여 <**他无法忍受工作的压力辞职了**>라고 표현한다.

⑦ 이 문제는 **매우 복잡하여** 몇 마디 말로 설명하기 어렵습니다.
　　　　　　**太 + 复杂**

▶ 这个问题**太复杂**, 很难用三言两语解释清楚。

- 원인을 나타내는 <**由于**>를 이용하여 <**由于**这个问题太复杂~~ >라고 할 수 있으나, 이미 독립된 하나의 절로 문장 앞에 위치하여 <**由于**>를 빼도 무방하다.
- <몇 마디 말**로**> : <**用**> 또는 <**以**>로 < ~~ 로>라는 수단을 표현한다.
- <설명하기 어렵습니다> : <**很难 ~~ 解释清楚**>로 옮긴다.

三言两语
sānyǎnliǎngyǔ
몇 마디 말
解释 jiěshì
해명하다

⑧ **내년 시험에 관한 일정은** 곧 인터넷으로 발표될 겁니다.
　　**明年的考试 + 日程**

▶ **明年的考试日程**即将在网上公布。

- < ~~에 관한 / ~~에 대한> : 일반적으로 <**对**>, <**对于**>, <**关于**> 등을 이용하여 표현한다. <내년 시험에 관한 일정>을 <**对于**明年的考试日程>이라고 표현해도 되지만, 문장 앞에 놓아 주어로 제시된 상황에서 굳이 <**对于**>를 쓸 필요가 없다. <**明年的考试日程**>이라고 옮기는 게 좋다.
- <곧 ~~ 겁니다> : <**即将**>으로 표현하며, <**快要**>, <**将要**> 등으로 옮겨도 좋다.

日程 rìchéng
일정
即将 jíjiāng
곧, 머지않아
公布 gōngbù
공표하다,
발표하다

⑨ **다이어트를 하려면** 밤에 **배가 고파도** 음식을 먹으면 **안 됩니다**.
　　**想 + 减肥**　　**肚子 + 饿**　　　　　　　**不该**

▶ **想**减肥, 夜里肚子饿**不该**吃东西。

- <다이어트를 하려면> : <**想 + 减肥**>, <**要 + 减肥**>라고 옮길 수 있다. 만약 목적을 좀 더 강조 하려면 <**为了 + 减**

减肥 jiǎnféi
다이어트

chapter 04. 우리말을 중국어로 옮길 때 주의할 점　147

肥>로 표현하면 좋다.
- <배가 고파도 음식을 먹으면 안 됩니다> : <설령 ~~ 해도>라는 <即使~~ 也>로 하지 말고, <肚子饿>, <不该吃东西>로 대등하게 나열하여 간결하게 표현한다.
- <안 됩니다> : <不该>를 써서 금지의 뜻을 강조한다.

⑩ 어제 나는 너무 **바빠서** 밥도 제대로 못 먹었습니다.
忙得 + 连饭都顾不上吃

▶ 昨天我忙得连饭都顾不上吃。

顾不上 gùbushàng
돌볼 틈이 없다

- <너무 바쁘다>, <밥도 제대로 못 먹다>라는 인과 관계를 <因为~~, 所以~~ >로 옮기지 말고, 정도보어를 이용하여 <忙得连饭都顾不上吃>라고 표현한다.
- 형용사를 이용한 정도보어는 < ~~해서 ~~ 하다>라는 인과 관계를 한 문장으로 표현할 때 효과적이다.
- <밥도 제대로 못 먹다> : <连 + 饭 + 都(也) + 顾不上 + 吃>로 표현하면 좋다. <顾不上>은 < ~~할 겨를도 없다>라는 뜻으로 의미를 강조할 때 주로 사용한다.

### 보충 예문

- <날씨가 추워서 얼굴이 벌겋게 되다> : <因为天气冷, 所以脸都发红了>라고 옮겨도 되지만, 정도보어를 이용하여 <天气冷得脸都发红了>라고 표현한다.

速度 sùdù
속도

- <나는 피곤해서 집에 오면 자는 속도가 누구보다 빠르다>라는 문장도 <我累得回家睡觉的速度比谁都快>라고 정도보어를 이용하여 옮긴다.

⑪ **월급이 많다는 건** 일이 많고 야근도 많다는 걸 의미합니다.
　　工资 + 高

▶ **工资高**意味着工作多加班也多。

- <월급이 많다는 건> : <工资高**的是**>라고 우리말식으로 옮기지 않는다.
- 중국어는 <주어 + 서술어> 형태로 문장 앞에 놓으면 < ~~하는 것>이라는 명사적인 의미를 가져 < ~~的是>라고 표현할 필요가 없다.

## 보충 예문

- <영화를 본다는 건 매우 의미 있는 일이다> : <**看电影**是一件有意义的事>라고 옮긴다.

### ⚠ 주의

예문 ⑤, ⑥, ⑦은 조건 혹은 가정을 표현하는 문장으로 두 개의 절로 나누어 옮기는 게 효과적이라면, 예문 ⑩은 두 개의 상황을 한 문장으로 표현하면 좋다. 이처럼 우리말의 이어진 문장을 중국어로 옮길 때는 연결 어미와 전체 문장의 뜻을 잘 파악해야 한다.

### 작문 가이드

우리말의 연결 어미로 문장 전체의 뜻을 잘 파악하자. 우리말을 중국어로 옮길 때 접속사, 부사 등 문장의 군더더기를 덜어 내고 핵심적인 내용만 간단, 명료하게 표현한다.

## 08 중국어는 양사가 있어야 자연스럽다.

사물의 수량을 표시하는 단위 혹은 동작의 횟수 등을 나타내는 품사를 우리말은 <단위 명사>라고 하고, 중국어는 <양사>라고 한다. 중국어는 양사가 풍부하고 다양하게 사용되는데, 특정 사물에 따라 사용되는 양사가 고정된 경우가 많다. 책을 세는 양사 <本>, 옷을 세는 양사 <件>, 손잡이가 있는 물건을 나타내는 양사 <把> 등등, 양사의 쓰임은 그리 어려워 보이지 않는다. 하지만 막상 우리말을 중국어로 옮길 때 소홀히 하기 쉬운 부분이 바로 양사이다. 아래의 우리말 예문을 중국어로 옮겨보자.

### 예문

① 지난 달 그는 중국어 문법에 관한 **책**을 썼습니다.
▶ 上个月他写了一**本**有关中文语法的书。
- < ~~에 관한> : <**有关** + 명사> 형태로 옮긴다.

② 언니는 정식으로 **선생님**이 되었습니다.
▶ 姐姐正式当了一**名**老师。

③ **옷**을 갈아입어야 하니 잠깐만 기다리세요.
▶ 我换**件**衣服, 请稍等。

④ 나는 다음에 그에게 **식사 대접**을 하겠습니다.

▶ 我哪天请他吃**顿**饭。

- <다음에> : <**哪天**>으로 표현하며, <**下次**>로 옮겨도 된다.

⑤ 비가 온다고 하니 외출할 때 **우산** 챙기세요.

▶ 听说要下雨, 出门别忘记带**把**伞。

※ 위의 우리말 예문에는 단위 명사가 없지만, 중국어로 옮길 때에는 <**本**>, <**名**>, <**件**>, <**顿**>, <**把**> 등 양사를 포함하여 표현한다. 위의 중국어 예문에서 양사가 없어도 틀린 문장이 아니며, 경우에 따라 생략할 수도 있다.

⚠️ 주의

 일부 학습자들은 작문할 때 양사를 종종 빠뜨리는 경우가 있는 데, 그 원인은 우리말의 영향 때문이라고 한다. 우리말의 단위 명사는 **의존 명사**로서 반드시 수사 혹은 관형어가 있어야 쓸 수 있다. **구체적으로 수량을 표시하거나 수식되는 말이 없으면 단위 명사를 쓰지 않는 게 우리말의 특징이며 오히려 더 자연스럽다.**

 반면 중국어의 양사는 명사, 형용사, 동사, 대명사, 수사 등과 함께 <실사(实词)>로 분류되는 중요한 문장 성분이다. **우리말은 단위 명사의 사용이 제한적이라면, 중국어는 양사가 매우 다양하고 광범위하게 사용된다.** 이런 차이점 때문에 일부 학습자들은 단위 명사가 구체적으로 나와 있지 않은 우리말을 중국어로 옮길 때 양사를 제대로 쓰지 못 하거나, 빠뜨리는 경우가 있다고 전문가들은 지적한다.

### 추상적인 부분을 옮길 때도 양사는 필요하다

우리말에서 단위 명사로 표현하지 않는 추상적인 부분도 중국어는 양사를 이용하여 표현한다. 아래의 우리말 예문에는 추상적인 느낌을 표현하는 단어가 포함되어 있다. 이런 문장을 중국어로 옮길 때에도 **추상적인 대상과 어울리는 양사를 사용해야 중국어다운 문장으로 만들 수 있다.**

⑥ 우리는 모두 **애국심**을 가져야 한다.

爱国心 àiguóxīn
애국심

▶ 我们都应该有一片爱国心。

- <모두> : <都>로 표현하여 예외 없이 모두에게 해당된다는 뜻을 강조한다.

⑦ 나는 북경에 대해 알 수 없는 **그리움**이 생겨났다.

眷恋 juànliàn
그리워하다

▶ 我对北京产生了一丝莫名的眷恋。

⑧ 겨울이 되면 거리에는 늘 **군고구마 냄새**로 가득하다.

弥漫 mímàn
가득 차다
白薯 báishǔ
고구마

▶ 一到冬天满街总是弥漫着一股烤白薯的香味。

- <겨울이 되면> : 일정한 변화를 나타내는 의미로서 <一到冬天>으로 표현하는 데, <一>는 < ~~ 되면>이라는 조건, 가정의 뜻을 표현한다.

⑨ 그는 이 **나이**에도 아직까지 나쁜 습관을 고치지 못 했다.

改掉 gǎidiào
고치다

▶ 他都这把年纪了, 还没改掉坏习惯呢。

- <都>는 <이미>, <벌써>라는 뜻으로 <이미 그 나이가 되어서도>라는 의미를 나타낸다.
- <이 나이에도> : <把>는 나이 등을 나타내는 양사로 쓰인다.

- < ~~呢> : 문장 끝에 붙어 말하는 사람의 불만족스러운 어감을 표현한다.

⑩ 나는 이것이 매우 무례한 **태도**라고 느낀다.
▶ 我觉得这是**一种**非常没有礼貌态度。

态度 tàidù
태도

### ⚠ 주의

위의 우리말 예문에 나오는 <**애국심**>, <**그리움**>, <**냄새**>, <**나이**>, <**태도**> 등은 모두 추상적인 의미를 가지며, 이와 어울리는 단위 명사를 따로 쓰지 않는다. 하지만 중국어는 이와 어울리는 적절한 양사를 써야 문장에 생동감을 주고 글의 표현성을 높일 수 있다. 이것은 중국어 양사의 또 다른 역할로서 수를 세는 것 외에도 **수식의 기능**을 가지고 있기 때문이다. 적절한 양사의 사용은 중국어 문장을 더욱 자연스럽게 만들어 주는 요소라는 점을 기억하고 양사 활용에도 주의를 기울인다.

### 작문 가이드

우리말을 중국어로 옮기는 과정에서 양사는 자칫 소홀히 하거나 제대로 사용하지 못 하는 부분이다. 하지만 학습자 입장에서 보면, 온갖 상황에 어울리는 양사를 모두 익혀야 하는 부담감이 있는 것 또한 사실이다. 중국어의 양사 용법은 습관적인 경우가 대부분이다. **문장을 만들 때 항상 양사를 염두에 두고 문장을 만드는 습관이 중요하다.**

# 한자의 간략화

　필획이 줄어 쓰기가 편해진 지금의 간체자(简体字)는 1949년 중화인민공화국이 들어선 후 문자 개혁을 통해 새로 만든 것이라고 많은 학습자들이 알고 있다. 사실 한자의 간략화는 매우 오래 전부터 진행되어 왔다. 최초의 한자를 갑골문(甲骨文)으로 한정할 때, 한자의 역사는 오랜 세월에 걸쳐 형성된 자형의 변화를 의미한다. 이것은 곧 중국인들도 익히고 쓰기 편한 문자를 갖고자 부단히 노력한 결과라고 할 수 있다.

　청조 말 서구 열강의 공세에 속수무책으로 당하다 큰 굴욕을 겪었던 중국의 지식인들은 대중 교육의 필요성을 뼈저리게 깨달았다. 특히 획수가 많고 자형이 복잡하여 문맹자 양산의 원인으로 지목되는 한자를 어떻게든 개혁해야 한다는 인식이 널리 퍼졌다. 이 때부터 민간에서 <약자-略字> 혹은 <속자-俗字>라고 부르며 사용되었던 간략화 된 글자가 새롭게 주목 받기 시작했다. 정부의 공식 문서, 포고문 등을 제외하고 민간에서는 약자 또는 속자를 꽤 활발하게 사용하였다고 전해진다. 이런 이유로 대중 교육의 확대를 위해 익히고 쓰기 편한 약자를 정식으로 채용해야 한다고 많은 학자들이 주장하였다. 1930년 <유복-刘复> 등이 주축이 되어 송, 원, 명, 청대에 민간에서 사용되었던 속자들을 모아 <송원이래속자보-宋元以来俗字谱>를 출판하였고, 1935년 중화민국 정부는 324자로 구성된 <제일비간체자표-第一批简体字表>를 공표하는 등 간략화 된 글자를 보급하고 알리는 데 힘썼다.

　그 후 중일전쟁을 치르고 국

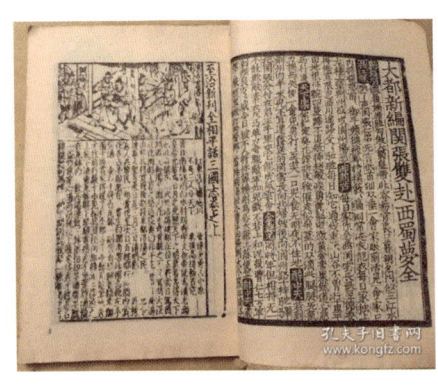

(사진1-송원이래속자보)

공내전이 한창인 혼돈의 시기에 중국 공산당은 가난한 농민들에게 간략화된 글자를 가르치며 교육 보급에 힘썼다. 이 때 거두었던 교육 효과를 바탕으로 중화인민공화국이 수립된 후 본격적으로 문자 개혁에 착수하였고, 1956년 한자간화방안을 공포하면서 그동안 천대 받았던 <약자-略字>를 <간체자-简体字>라는 정식 명칭과 함께 정부의 공식 문서에 사용하도록 법으로 제정하였다.

<간체자-简体字>는 사회가 발전하면서 사람들이 좀 더 간편하게 쓸 수 있는 문자의 요구에 부응하는 시대의 산물이기도 하다. 현재 대만을 제외한 대부분의 중화권과 기타 국가에서 중국어에 대한 공식적인 글자로 간체자를 사용하고 있다. 또한 중국어를 배우는 외국인의 입장에서도 간체자는 확실히 배우고 쓰기에 편리하다.

하지만 이런 편리함에도 부정적인 견해가 상당히 많다. 먼저 수천 년 동안 변화를 거듭해 온 한자의 필획을 인위적으로 무리하게 축소하여 한자의 특징과 본질이 파괴되었다고 일부 지식인들은 주장한다. 이는 곧 중국의 전통 문화와 역사를 단절시키는 반문명적 행위라고 비난한다. 최근에는 컴퓨터를 이용한 정보 통신 기술의 발달로 손으로 글씨를 쓰는 것보다 타이핑에 익숙한 시대를 맞아 획수가 많고 적음은 큰 문제가 되질 않는다고 간체자의 편리함을 평가절하 하는 학자들도 있다.

먼 옛날 중국 대륙을 통일한 진시황은 <소전체-小篆>를 만들어 중앙집권의 강력한 통치 수단으로 활용했고, 중국 공산당은 간체자로 대중들의 교육 보급에 힘쓰며 한자의 국제화를 이루었다. 앞으로 한자가 또 어떤 모습으로 변화하여 우리 앞에 다가올지 궁금하다.

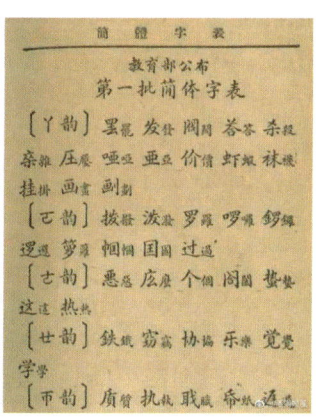

(사진2-제일비간체자표)

# chapter 05
# 실전 작문

지금까지 여러 예문을 통해 우리말을 중국어로 옮기는 연습을 하였다. 이제 우리 주변에서 흔히 접할 수 있는 문장을 중국어로 옮기는 실전 연습을 해 보자.

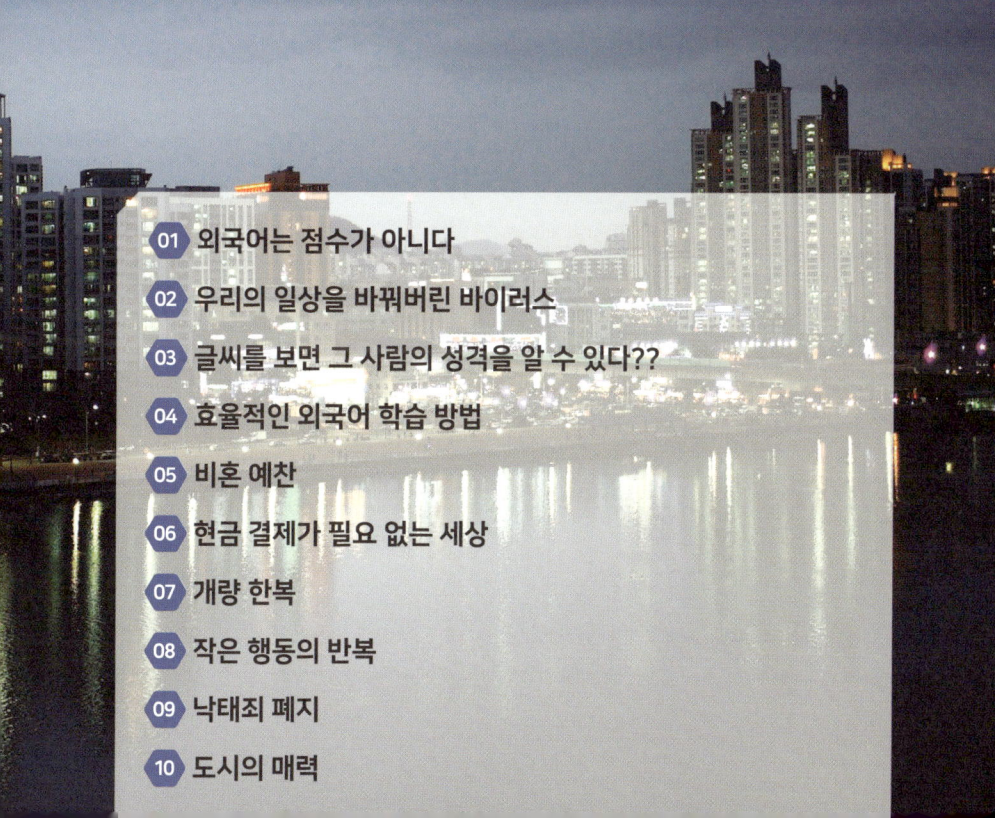

- 01 외국어는 점수가 아니다
- 02 우리의 일상을 바꿔버린 바이러스
- 03 글씨를 보면 그 사람의 성격을 알 수 있다??
- 04 효율적인 외국어 학습 방법
- 05 비혼 예찬
- 06 현금 결제가 필요 없는 세상
- 07 개량 한복
- 08 작은 행동의 반복
- 09 낙태죄 폐지
- 10 도시의 매력

# 01 외국어는 점수가 아니다

외국어를 잘 하기 위해서는 목적과 돈이 필수적이다. "왜, 무엇 때문에, 어디에 쓰려고" 등등 분명한 목적과 이유가 있어야 한다. 그리고 반드시 자기 돈을 써야 한다. 사람은 자기 돈을 써야 돈 아까운 줄 알고 열심히 공부하기 때문이다. 하지만 중요한 건 외국어 학습에 대한 인식의 변화이다. 외국어는 까먹는 것을 전제로 공부하며, 회화도 틀릴 것을 전제로 연습해야 한다고 한다. 당연한 얘기지만, 우리나라에선 틀리면 안 된다. 우리는 외국어를 점수로 평가되는 시험 과목으로만 여기고 공부한다. 점수를 실력으로 간주하는데 익숙한 우리 사회에서 틀리거나 낮은 점수는 곧 "실력 없음"을 의미한다. 이러한 상황에서 "틀리는 것"을 당연시 할 수 있을까? 외국어를 점수 평가가 아닌 또 다른 세계를 접하는 문화 통로로 여기는 인식의 변화가 필요하다.

### 01 한중 대조

외국어는 점수가 아니다
外语不是以分数来衡量的

① 외국어를 잘 하기 위해서는  목적과 돈이  필수적이다
  为了 学好外语   目标和钱 是必不可少的

② 왜  무엇 때문에 어디에 쓰려고 등등 분명한 목적과 이유가 있어야 한다
 为什么 因为什么 用在哪里 等等 明确的 目标和理由 要有

③ 그리고 반드시 자기 돈을 써야 한다
　 而且　 必须 　自己的钱　 得花

④ 사람은 자기 돈을　 써야　돈 아까운 줄 알고 열심히 공부하기 때문이다
　 人们　自己的钱　只有花　 觉得心疼　　　 好好　 学　　 因为

⑤ 하지만 중요한 건　 외국어 학습에 대한　 인식의 변화이다
　 不过　 重要的是　　对于 外语学习　　 认识的变化

⑥ 외국어는　 까먹는 것을　 전제로　　 공부하며　회화도　틀릴 것을
　 外语　　　 忘掉　　 在~的前提下　 学习　　 会话也　说错

　　　　　 전제로　　 연습해야 한다고 한다
　　　　 在~的前提下　 练习　　 据说

⑦ 당연한 얘기 지만 우리나라에선 틀리면 안 된다
　 很正常的　 可　　在我国　　 有错　不应该

⑧ 우리는 외국어를 점수로 평가되는　 시험 과목으로만 여기고　공부한다
　 我们　 把外语　以分数来评价　只是当成一门考试科目来　 学习

⑨ 점수를 실력으로 간주하는 데　익숙한　 우리 사회에서　틀리 거나
　　　 把分数视为能力　　　　 熟悉　 在我们社会中　说错 或者

　　낮은 점수는　 곧　 실력 없음을　 의미한다
　　 低的分数　 就　 没有实力　　 被认为

⑩ 이러한 상황에서 틀리는 것을 당연시할 수 있을까?
在这种情况下　把说错　能认为　理所当然　吗?

---

⑪ 외국어를 점수 평가가 아닌 또 다른 세계를 접하는 문화 통로로
外语 不是以分数为衡量的　另外 世界文化 接触　桥梁

여기는　인식의 변화가　필요하다
(把外语)当作是　观念变化　有必要的

## 02 단어

| 目标 | mùbiāo | 목표 |
| 明确 | míngquè | 명확하다, 분명하다 |
| 心疼 | xīnténg | 아까워하다 |
| 认识 | rènshí | (명사) 인식, (동사) 알다, 인식하다 |
| 前提 | qiántí | 전제, 전제(선결) 조건 |
| 熟悉 | shúxi | 익숙하다 |
| 评价 | píngjià | 평가하다 |
| 衡量 | héngliáng | 평가하다, 따져보다 |
| 视为 | shìwéi | ~로 보다, 간주하다 |
| 或者 | huòzhě | 혹은, 또는 |
| 理所当然 | lǐsuǒdāngrán | 당연하다 |
| 接触 | jiēchù | 닿다, 접촉하다, 교제하다 |
| 桥梁 | qiáoliáng | 다리, 교량, 매개 |
| 当作 | dàngzuò | ~ 로 삼다, 간주하다, 주로 <把>와 결합하여 사용한다. |

## 03 구문 해설

① 외국어를 잘 **하기 위해서는 목적**과 돈이 **필수적**이다.
- < ~~ 하기 위해서>: <**为了** + **행위**>로 표현하며, 문장 앞 혹은 주어 뒤에 놓아 목적 및 이유 등을 부각시킨다.

- 목적은 <**目标**>로 표현한다. <**目的**>는 구체적인 실천의 뜻을 포함하지 않고, 추상적인 의미로 사용되는 경우가 많아 여기에는 적합하지 않다.
- <필수적이다>: <반드시 있어야 한다>라는 의미로 <**必不可少**>로 표현하며, <**必要的**>라고 옮겨도 좋다.

② 왜, 무엇 때문에, 어디에 쓸려고 등등 **분명한 목적과 이유가 있어야 한다.**
- <**要有**为什么, 因为什么, 用在哪里? 等等, 明确的目标和理由>라고 표현할 수도 있지만, <为什么, 因为什么, 用在哪里? 等等>으로 이유를 먼저 나열한 후, <**要有**明确的目标和理由>로 표현하면 합당한 목적과 이유가 있어야함을 강조할 수 있다.
- <**要有**> 앞에 <**一定**> 등을 덧붙여 좀 더 강조하여 표현해도 된다.

③ 그리고 **반드시** 자기 돈을 **써야 한다.**
- <반드시 ~ 해야 한다>: 강제성을 띠는 의미가 있어 <**必须 + 得 + 동사**>형태로 표현한다. 이 때 <**得** - děi>는 조동사로서 구조 조사<得>와 구별된다.

④ 사람은 자기 돈을 써야 **돈 아까운 줄 알고** 열심히 하기 **때문이다.**
- <돈 아까운 줄 알고>: <**觉得心疼**> 혹은 <**珍惜自己的钱**>으로 표현한다.
- < ~~ 때문이다>: <**因为**>로 표현하는 데, 앞 문장의 이유를 뒤 문장에서 설명하는 패턴으로 <**是**>를 붙이면 의미가 강조된다.

⑤ 하지만 중요한 건 **외국어 학습에 대한 인식의 변화**이다.
- 외국어 학습을 <**学习外语**>라고 표현해도 되지만, <목적어 + 서술어>로 표현하면 주제로서 좀 더 명확한 의미를 갖게 되어 <**外语学习**>라고 하면 좋다.

- 인식: <**认识**> 혹은 <**观念**>으로 표현한다.

⑥ 외국어는 까먹는 것을 **전제로** 공부해야 하며, 회화는 틀릴 것을 **전제로** 연습해야 한다**고 한다.**
- < ~을 전제로 ~ 하다>: <**在** + 상황 + ~ **的前提下** + 동작>을 이용하여 <**外语在**忘掉**的前提下**学习, 会话也**在**说错**的前提下**练习>로 표현한다.
- 까먹는 것은 <**忘掉**>로, 틀리는 것은 말을 잘못 하는 것을 의미하여 <**说错**>로 표현한다.
- < ~ 고 한다>: <**据说**>로 표현한다. <**据说**>는 어떤 사실, 근거를 바탕으로 상황을 설명할 때 문장 앞에서 놓아 사용한다. <**听说**>는 누군가로부터 소문 등을 전해 듣는 것으로 객관적이거나 논리적인 설명이 필요할 때는 사용하지 않는다.

⑦ **당연한 얘기**지만, 우리나라에선 틀리면 안 된다.
- <당연한 얘기>: <**很正常**> 혹은 <**理所当然**>으로 표현한다.

⑧ 우리는 외국어를 **점수로 평가되는 시험 과목으로만 여기고** 공부한다.
- <점수로 평가되다>: <**以** + 점수 + **来** + 평가>를 이용하여 <**以分数来评价**>로 표현한다.
<以 ~~ 来 + 행위>는 도구, 방식, 수단 등을 사용하여 어떤 행위를 설명할 때 사용한다.
- < ~ 로만 여기고>: <**只是** + **把** + 외국어 + **当成** + 시험과목 + **来**>로 <**只是把**外语**当成**一门考试科目**来**>로 표현한다. <**当成**>은 <여기다>, <간주하다>라는 뜻으로 쓰인다.
- <**一门**>은 양사로서 시험 과목을 좀 더 부각시키는 면이 있으니 빼놓지 않도록 주의한다.

⑨ **점수를 실력으로 간주하는 데 익숙한** 우리 사회에서 틀리거나 낮은 점수는 곧 "실력 없음"을 **의미한다.**
- <점수를 실력으로 간주하다>: <**把** + 점수 + **视为** + 실력>을 활용하여 <**把**分数**视为**能力>로 표현한다. <간주하다>를 <**看做**>, <**看成**> 등으로 표현할 수 있다.
- <익숙하다>: <**熟悉**> 혹은 <**习惯**>으로 써도 된다.
- <~을 의미한다>: < ~라고 여겨진다>라는 피동적인 의미가 있어 <**被认为**>로 표현한다. 또는 <**意味着**没有实力>라고 해도 좋다.

⑩ 이러한 상황에서 "틀리는 것"을 **당연시 할 수 있을까?**
- < ~을 당연시 하다>: <**能** + **把** + **틀리는 것** + **여기다** + **당연하다**>의 형태로 <**能把**错误认为理所当然吗？>라고 표현한다.
- 당연시하다는 <당연하게 여기다>라는 의미로서 심리 동사 <**认为**>를 함께 써서 <认为**理所当然**>이라고 해야 자연스럽다.

⑪ 외국어를 점수 평가**가 아닌** 또 다른 세계를 접할 수 있는 **문화 통로**로 여기는 **인식의 변화**가 필요**하다.**
- < ~ 가 아니고 ~ 이다>: <**不是 ~, 而是 ~**>의 형식으로 <外语**不是**以分数为衡量的, **而是**需要把外语当作是**一种**接触另外世界文化的桥梁>이라고 표현한다. 이 때 양사 <**一种**>은 <文化的桥梁>을 수식하는 역할을 하므로 빠뜨리지 않도록 주의한다.
- <문화 통로>: <**文化渠道**> 혹은 <**文化通道**>로 표현해도 되며, 각 나라와의 문화 교류를 잇는 다리라는 의미에서 <**文化的桥梁**>로 표현해도 좋다.
- <인식의 변화>: <**认识的变化**>로 표현할 수 있지만, 이미 <**认识**>가 앞에서 나와 중복을 피해 <**观念变化**>로 표현하면 좋다.

## 04 모범 문장

外语不是以分数来衡量的

为了学好外语, 目标和钱是必不可少的。"为什么？因为什么？ 用在哪里" 等等, 要有明确的目标和理由。而且必须得花自己的钱, 是因为人们只有花自己的钱, 才会觉得心疼好好学。不过重要的是对于外语学习认识的变化。据说外语在忘掉的前提下学习, 会话也在说错的前提下练习。虽然这些很正常的, 但是在我国说外语不应该有错。我们以分数来评价外语能力, 而且只是把外语当成一门考试科目来学习。在我们已熟悉把分数视为能力的社会中, 错误或者低的分数就被认为"没有实力"。在这种情况下, 能把"错误"认为理所当然吗？ 外语不是以分数来衡量的, 而是需要把外语当作是一种接触另外世界文化的桥梁, 这种观念变化是有必要的。

# 02 우리의 일상을 바꿔버린 바이러스

　요즘 우리 생활의 최대 관심사는 코로나 바이러스 관련 소식이다. 자고나면 확진자가 얼마나 늘었나부터 어느 지역을 돌아다녔는지에 대해 촉각을 세운다. 이제 외출할 때 마스크 착용은 기본이요 타인에 대한 예의가 되었다. 사람을 만나 반갑게 악수하던 모습도 눈인사 또는 손등을 부딪치는 행동으로 대체하는 등, 타인과의 신체 접촉도 최대한 피하게 된다. 각자 개인 위생에 대한 인식도 많이 높아졌다. 최근에는 아예 외출을 하지 않고 온라인 쇼핑과 배달로 집 안 일을 처리하는 생활 패턴이 새로운 풍속도로 자리 잡아가고 있다. 하지만 사람들끼리 살갑게 부대끼며 살아가는 우리의 일상이 부담스럽게 변해버린 게 아쉽다.

## 01 한중 대조

우리의 일상을 바꿔버린 바이러스
我们的日常　被改变　病毒

① 요즘　우리 생활의　최대 관심사는　코로나 바이러스 관련 소식 이다
　 最近 在我们的生活中　最令人瞩目的　应该是 有关新型冠状病毒的消息了

② 자고나면 확진자가　얼마나 늘었나부터　어느 지역을 돌아다녔는지에
　 一觉醒来　确诊者　　增加了多少　　　　去过 哪些地区

　 대해 촉각을 세운다
　 非常关注

③ 이제 외출할 때 마스크 착용은 기본이요 타인에 대한 예의가 되었다
　　现在　出门时　　戴上口罩 基本的行动 对别人　　已经成为了礼貌

④ 사람을 만나 반갑게 악수하던 모습도 눈인사 또는 손등을 부딪치는
　　见了人　　愉快地握手　　　　以眼神示意 或　碰手背的

　　행동으로 대체하는 등 타인과의 신체 접촉도　　최대한　피하게 된다
　　行动 来　　代替　等 与他人　身体的接触 最大限度的　避免

⑤ 각자 개인 위생에 대한 인식도 많이 높아졌다
　　　个人卫生的　　　观念也 大大 提高了

⑥ 최근에는 아예 외출을 하지 않고　온라인 쇼핑과 배달로
　　最近　干脆　不出门　　以在网上购物和送货上门的方式来

　　집 안 일을 처리하는 생활 패턴이 새로운 풍속도로 자리 잡아가고 있다
　　家务　　　解决　生活方式　新的　生活方式　　　成为

⑦ 하지만 사람들끼리 살갑게 부대끼며 살아가는 우리의 일상이
　　不过　人与人之间　　和睦相处的　　　　我们日常生活

　　부담스럽게 변해버린 게 아쉽다
　　　变成了负担　　　令人遗憾

## 02 단어

| | | |
|---|---|---|
| 瞩目 | zhǔmù | 눈여겨보다, 주목하다 |
| 新型冠状 | xīnxíng guānzhuàng | 코로나 바이러스 |
| 病毒 | bìngdú | 바이러스 |
| 确诊 | quèzhěn | ( ~라고) 확정 진단하다 |
| 关注 | guānzhù | 관심을 가지다, 주시하다 |
| 戴 | dài | 쓰다, 착용하다 (주로 머리, 얼굴, 가슴, 손 등) |
| 口罩 | kǒuzhào | 마스크 |
| 礼貌 | lǐmào | 예의, 매너 |
| 握手 | wòshǒu | 악수하다 |
| 眼神 | yǎnshén | 눈짓 |
| 示意 | shìyì | (표정, 동작 등) 의미를 표시하다 |
| 碰 | pèng | 부딪치다 |
| 接触 | jiēchù | 접촉하다, 닿다 |
| 避免 | bìmiǎn | 피하다, 방지하다 |
| 卫生 | wèishēng | 위생적이다, 위생 |
| 干脆 | gāncuì | 깨끗이, 차라리 |
| 和睦相处 | hémùxiāngchǔ | 잘 어울려 지내다 |
| 负担 | fùdān | 부담, 책임지다 |
| 遗憾 | yíhàn | 유감, 유감스럽다 |

## 03 구문 해설

① 요즘 우리 생활의 **최대 관심사**는 바이러스 **관련** 소식이다.

- <최대 관심사>: <**最大关注**>로 해도 되지만 <**瞩目**>로 표현한다. 또한 사람들의 이목을 끈다라는 뜻으로 <**令人**>을 이용해 <**最令人瞩目**>로 표현하면 좋다.

- < ~ 와 관련>: <**与(和)** ~ **有关**> 또는 <**有关** + 대상>, <**相关**> 등을 이용하여 <**有关**新型冠状病毒的消息了>라고 표현한다.

② **자고나면** 바이러스 **확진자가 얼마나 늘었나부터 어느 지역을 돌아다녔는지**에 대해 **촉각을 세운다**.
- <자고나면>: <아침에 일어나자마자>라는 뜻으로 <**早上起来就** ~ > 또는 <**一觉醒来就** ~ >라고 표현한다.
- <확진자가 얼마나 늘었나>: <**确诊者增加了多少**> 또는 <**有没有被确诊者的增多**>로 피동형으로 표현할 수 있다.
- <어느 지역을 돌아다녔는지>: <**被感染的人去过哪些地区**>로 표현한다. 주의할 것은 우리말 예문에는 구체적인 주어가 없지만, 중국어는 주어를 명확하게 표현해야 자연스러운 문장이 된다. 이 때 주어는 <감염된 사람>을 가리키며 <**被**感染的人>이라고 피동형으로 표현한다.
- <촉각을 세운다>: <관심을 가진다>라는 의미로 <**非常关注**>로 표현한다.

③ 이제 외출할 때 마스크 착용은 기본**이요** 타인에 대한 예의가 **되었다**.
- < ~ 할 뿐만 아니라 ~ 이다>라는 뜻으로 <**不仅** ~ **也是** ~>를 이용하여 두 개의 절로 나누어 <戴上口罩**不仅**是基本的行动, **也是**已经成为了对别人的礼貌>라고 표현한다.
- <마스크 착용>: <**戴口罩**> 혹은 결과보어를 이용하여 <**戴上**口罩>라고 해도 좋다.
- <~ 되었다>: <**已经成为了** ~~ >로 표현한다.

④ 사람을 만나 반갑게 악수하던 모습도 눈인사 또는 손등을 부딪치는 행동**으로 대체하는** 등, 타인과의 신체 접촉도 **최대한 피하게 된다**.
- < ~~ 으로 대체하다>: <**以** ~~ **来代替**>를 이용하여 <**以**眼神示意或碰手背的行动**来代替**>로 표현한다.
- <눈인사>: <눈짓으로 의사를 표시하다>라는 뜻으로 <**眼神示意**>라고 표현한다.

- <최대한 피하게 된다>: <**最大限度的避免**~~ >으로 표현한다. 또는 <서로 신체 접촉을 주의하다>라는 의미로 <**对于与他人身体接触都互相注意**>라고 표현해도 좋다.

⑤ 각자 개인 위생에 **대한 인식도 많이 높아졌다.**
- <개인 위생에 대한 ~~ >: <**关于**>를 이용하여 <**关于个人卫生的观念** ~~ >라고 표현할 수 있다. <**个人卫生的观念**>을 문장 앞에 놓아 주어로 제시하면 의미를 강조할 수 있다. 이 때 <**关于**>를 빼고 <**个人卫生的观念也大大提高了**>라고 간결하게 표현하면 좋다.

⑥ 최근에는 **아예 외출을 자제하고** 온라인 쇼핑과 배달로 대부분의 집 안 일을 **처리하는** 생활 패턴이 새로운 **풍속도로 자리 잡아가고 있다.**
- <아예 외출을 자제하고>는 <**干脆不出门**> 혹은 <**很少出门**>로 표현할 수 있다.
- < ~~로 ~~을 해결하다>: <**以 ~ 来解决 ~** >를 이용하여 <**以在网上购物和送货上门的方式来解决家务事**>라고 표현한다.
- <배달로>: <**送货上门**>이라고 표현한다.
- <풍속도>: <**生活方式**> 혹은 <**风俗习惯**>으로 표현해도 된다.

⑦ 하지만 **사람들끼리 살갑게 부대끼며 살아가는 우리의 일상이 부담스럽게 변해버린 게 아쉽다.**
- 위의 예문을 <아쉬운 것은 ~~ 이다>라는 의미로 바꾸고, <**令人**>을 이용하여 <**令人遗憾的是** ~~~ >라고 표현하는 게 더 자연스럽다.
- <살갑게 부대끼며>: <**人与人之间的亲密接触**> 혹은 <**和睦相处**>로 간략하게 옮긴다.
- <우리의 일상>: <**日常生活**>로 표현한다.

- <부담스럽게 변하다>: <**变成了负担**> 혹은 <**变得沉重了**>으로 표현해도 된다.

## 04 모범 문장

我们的日常被病毒改变

最近在我们的生活中，最令人瞩目的应该是有关新型冠状病毒的消息了。一觉醒来就看看确诊者增加了多少，被感染的人去过哪些地区，我们都非常关注。现在出门时戴上口罩不仅是基本的行动，也是已经成为了对别人的礼貌。见了人愉快地握手都以眼神示意或碰手背的行动来代替等，最大限度的避免与他人身体的接触。个人卫生的观念也大大提高了。最近干脆不出门，以在网上购物和送货上门的方式来解决家务事，这样的生活模式渐渐成为新的生活方式。不过令人遗憾的是，人与人之间的和睦相处的日常生活都已经变成了负担。

## 03 글씨를 보면
## 그 사람의 성격을 알 수 있다?

간혹 어떤 사람의 친필 여부를 판단할 때 필적 감정이란 걸 한다. 필적이란 말 그대로 그 사람의 글씨체를 가리킨다. 사람마다 생김새가 다르듯 글씨체도 제각각인데, 재미있는 건 글씨를 보면 그 사람의 성격도 알 수 있다고 한다. 오랜 세월동안 누적된 습관으로 형성된 글씨체에는 그 사람의 성향과 심리 상태가 고스란히 녹아 있다고 전문가들은 말한다. 글씨를 크게 쓰는 사람은 대체로 적극적이어서 개방적이고 근면한 장점이 있지만, 교만하고 불손하여 허영심이 강하다는 단점이 있다고 한다. 반면 글씨가 작은 사람은 소극적이고 얌전한 성향이 강해 무모한 행동을 하지 않는다고 알려져 있다. 이런 이론이 그다지 신빙성은 없어 보이지만, 반듯하고 예쁜 글씨는 여전히 선망의 대상이다.

### 01 한중 대조

글씨를 보면 그 사람의 성격을 알 수 있다?
　通过字体　那个人的性格　可以看出吗？

① 간혹 어떤 사람의 친필 여부를 판단할 때 필적 감정이란 걸 한다.
　有时　某个人　亲笔 与否　判断时　通过笔迹　进行鉴定

② 필적이란 말 그대로 그 사람의 글씨체를 가리킨다
　笔迹　顾名思义　那个人　字体　　指

③ 사람마다 생김새가 다르듯 글씨체도 제각각인데 재미있는 건
　每个人　　长相　不同　　字体　　不同　　　有趣的是

　글씨를 보면 그 사람의 성격도 알 수 있다고 한다
　通过字体　那个人　性格　　可以 看出

④ 오랜 세월동안 누적된 습관으로 형성된 글씨체에는 그 사람의 성향과
　很长时间　以 累积的习惯 来 形成　　字体　　那个人　倾向

　심리 상태가 고스란히 녹아 있다고 전문가들은 말한다
　心理 状态　完整地　　融入　　　专家们 说

⑤ 글씨를 크게 쓰는 사람은 대체로 적극적이어서 개방적이고 근면한 장점이 있지만
　字 写得大的　　人　大都　　积极　　　开放　　　具有 勤劳的优点

　교만하고 불손하여 허영심이 강하다는 단점이 있다고 한다
　骄傲　　自满　　虚荣心 强　　　缺点　　　据了解

⑥　반면　글씨가 작은 사람은 소극적이고 얌전한 성향이 강해
　相反的是 字 写得小的　人　　消极　　文静　倾向　强

　무모한 행동을 하지 않는다고 알려져 있다.
　轻率的行为　　不会 做

⑦ 이런 이론이 그다지 신빙성은 없어 보이지만 반듯하고 예쁜 글씨는
　这种理论　　看似 没什么 可信度　　但　　端正　漂亮的字

　여전히 선망의 대상이다
　依然　令人 羡慕的对象

## 02 단어

| | | |
|---|---|---|
| 字体 | zìtǐ | 글자체, 자형 |
| 与否 | yǔfǒu | 여부 |
| 判断 | pànduàn | 판단하다 |
| 笔迹 | bǐjì | 필적 |
| 鉴定 | jiàndìng | 평가, 감정, 감정하다, 판정하다 |
| 顾名思义 | gùmíngsīyì | 이름을 보고 그 뜻을 생각하다, 이름 그대로 |
| 长相 | zhǎngxiàng | 외모, 용모 |
| 累积 | lěijī | 누적되다, 쌓이다 |
| 倾向 | qīngxiàng | 경향, 추세 |
| 状态 | zhuàngtài | 상태 |
| 融入 | róngrù | 융합되어 들어가다 |
| 勤劳 | qínláo | 부지런하다, 근면하다 |
| 骄傲 | jiāo'ào | 거만하다, 교만하다, 자랑스럽다 |
| 虚荣心 | xūróngxīn | 허영심 |
| 消极 | xiāojí | 소극적이다, 부정적이다 |
| 文静 | wénjìng | 침착하고 얌전하다 |
| 轻率 | qīngshuài | 경솔하다 |
| 可信度 | kěxìndù | 신뢰도 |
| 依然 | yīrán | 여전히, 전과 다름이 없다 |

## 03 구문 해설

① **간혹** 어떤 사람의 친필 여부를 **판단**할 때 필적 감정이란 걸 한다.

- <간혹>: <**有时**>로 표현하며, <**偶尔**>은 <때때로>의 뜻으로 여기서는 맞지 않는다.

- < ~을(를) 판단할 때>: <**判断** ~ **时**>를 이용하여 <**判断**某个人的亲笔与否**时**>로 표현한다.

- <필적 감정이란 걸 한다>: <**进行**笔迹鉴定>이라고 표현할 수도 있고, <필적을 통해 감정을 한다>라는 뜻으로 <**通过**笔迹**进行**鉴定>이라고 할 수 있다. 이 때 <**进行**>은 조동사적인 기능을 가진 동사로서 <**进行** + 동사> 형태로 옮겨야 자연스럽다.

② 필적이란 **말 그대로** 그 사람의 글씨체를 **가리킨다**.
- <말 그대로>: <이름을 통해 뜻을 생각하다>라는 의미로 <顾名思义>로 표현한다.
- < ~을 가리킨다>: <指>를 이용하여 <指那个人的字体>라고 옮긴다.

③ 사람마다 **생김새가 다르듯** 글씨체도 제각각인데, **재미있는 건 글씨를 보면** 그 사람의 성격도 알 수 있다고 한다.
- <생김새가 다르듯>: <마치 ~ 인 듯>이라는 <好像>을 이용하여 <就好像每个人长相不同>으로 표현한다.
- <재미있는 건>: <흥미롭다>의 뜻으로 <有趣的是>로 표현하며, <有意思的是>라고 하지 않는다.
- <글씨를 보면>: <글씨체를 통해 ~ >라는 뜻으로 <从字体> 혹은 <通过字体>로 표현한다.
- < ~ 을 알 수 있다>: <눈으로 보아 알아내다>의 뜻으로 <看>과 <出来>를 결합하여 결과보어 <看出来> 혹은 가능보어 <看得出来>로 표현한다. 이 때 조동사 <可以> 혹은 <能>을 붙여 표현할 수도 있다.
- <그 사람의 성격>: <那个人的性格>인데, <看出来> 뒤에 놓을 수도 있고, <看出>와 <来>사이에 놓아 <通过字体可以看出那个人的性格来>라고 해도 된다. 이 경우 문장 뒤에 <来>는 생략해도 무방하다.

④ 오랜 세월동안 누적된 습관**으로 형성된** 글씨체에는 그 사람의 성향과 심리 상태가 **고스란히 녹아 있다고 전문가들은 말한다**.
- < ~~ 으로 형성된>: <以 ~ 来形成的>를 이용하여 <以经过很长时间累积的习惯来形成的>로 표현한다.
- <누적된 습관>: <累积的习惯>으로 표현한다.
- <고스란히 녹아 있다>: <完整地融入了~ >로 옮긴다.

- < ~~ 라고 전문가들은 말한다 >: 제3자의 의견을 표현하는 것으로 <**专家们说**> 혹은 <**专家们表示**>라고 하며, 문장 앞에 놓는다.

⑤ **글씨를 크게 쓰는** 사람은 대체로 적극적이어서 개방적이고 근면한 **장점이 있지만, 교만하고 불손하여 허영심이 강하다**는 단점이 있**다고 한다**.

- <글씨를 크게 쓰는>: 정도보어를 이용하여 <**字写得大**>로 표현한다.
- <개방적이고 근면한 장점이 있지만>: <**具有** + 개방적, 근면한 + **的优点**>을 이용하여 <**具有**开放, 勤劳**的优点**>으로 표현한다. <개방적이고 근면한>은 두 개의 형용사를 대등하게 나열하여 표현한다.
- <교만하고 불손하여 허영심이 강하다는 단점이 있다>: <**하지만 단점은 ~ 이다**>라고 바꿔 <**但缺点是**骄傲自满, 虚荣心强>으로 옮기면, 앞 절과 서술 패턴이 중복되는 걸 피할 수 있어 좋다.
- < ~가 있다고 한다 >: 이론 혹은 관련 학설을 기초하여 언급하는 표현으로 <**据了解**> 또는 <**据说**>라고 하며 문장 앞에 놓는다.

⑥ **반면** 글씨가 작은 사람은 소극적이고 얌전한 **성향이 강해** 무모한 행동을 하지 않는다고 알려져 있다.

- <반면>: 그것과 상대적이라는 뜻으로 <**相反的是**> 혹은 <**反过来**>로 표현한다.
- <성향이 강해>: <성향이 강한 것으로 인식되어져>라고 피동형으로 <**被认为是消极** ~ >라고 표현한다.
- < ~~ 하지 않는다고 ~~ >: 추측을 나타내는 <**不会** ~ >로 표현한다.
- < ~ 알려져 있다 >: 앞 문장에서 이미 <**据了解**> 혹은 <**据说**>가 나와 있어 반복해서 쓸 필요가 없다.

⑦ 이런 이론이 그다지 신빙성은 **없어 보이지만**, 반듯하고 예쁜 글씨는 여전히 **선망의 대상이다**.
- < ~~ 이지만, ~~ 이다 >: <**虽然** ~~, **但是** ~~ >로 표현한다.
- < ~ 없어 보이지만>: <**看似**>를 이용하여 <**看似**没什么可信度>로 표현한다.
- < ~ 선망의 대상이다>: <사람들에게 선망의 대상>이라는 의미로 <**令人**>을 이용하여 <**令人**羡慕的对象>이라고 옮긴다.

### 04 모범 문장

通过一个人的字体可以看出那个人的性格吗？

有时判断某个人的亲笔与否时, 会通过笔迹进行鉴定。顾名思义, 笔迹就是指那个人的字体。就好像每个人长相不同, 所以他们的字体也形体各异。不过有趣的是, 通过字体可以看出那个人的性格。专家们说; 以长期积累的习惯来形成的字体中, 完整地融入了那个人的倾向和心理状态。据了解, 字写得大的人大都比较积极, 具有开放, 勤劳的优点。但缺点是骄傲自满, 虚荣心强。相反的是字写得小的人, 被认为是消极, 文静的倾向较强, 不会做轻率的行动。虽然这种理论看似没什么可信度, 但端正漂亮的字依然令人羡慕的对象。

# 04 효율적인 외국어 학습 방법

　　외국어를 공부할 때, 매일 10분씩 꾸준히 반복하는 것과 일주일 중 하루를 정해서 집중적으로 몇 시간을 공부하는 것 중, 과연 어느 쪽이 더 효과적일까? 정답은 전자라고 한다. 하루에 조금이라도 꾸준히 지속하는 게 효과적이라는 얘기이다. 비록 짧은 시간이지만 오랫동안 지속하면 그것이 쌓이고 쌓여 나중에 큰 결과물로 나타난다는 것이다. 하지만 이런 이론의 핵심은 "어떤 행위"를 꾸준히 지속하게 만드는 원동력이 있어야 한다. 아무리 좋은 것도 여러 번 반복하면 싫증이 나듯, 목표 없는 외국어 공부는 금방 지치고 포기하게 된다. "내가 왜 공부하는지? 무엇을 위해서 하는지" 등등, 자신이 꾸준히 공부할 수 있는 목표 의식을 만드는 것이 중요하다.

### 01 한중 대조

<u>효율적인</u> <u>외국어 학습</u> <u>방법</u>
　高效的　　外语学习　　方法

① <u>외국어를 공부할 때</u> <u>매일</u> <u>10분씩 꾸준히</u> <u>반복하는 것</u>과 <u>일주일 중</u> <u>하루를 정해서</u>
　　学习 外语时　每天　坚持 10分钟　反复学习　　一周中的　　一天

　<u>집중적으로</u> <u>몇 시간을 공부하는 것</u> 중, 과연 <u>어느 쪽이 더 효과적일까?</u>
　　集中　　　学习 几个小时　　　　　　哪种方式 更 高效呢？

② <u>정답은 전자라고</u> <u>한다</u>
　　前者更加合理　据说

③ 하루에 조금이라도 꾸준히 지속하는 게 효과적이라는 얘기이다
　 每天　一点一点　　　坚持下去　　　更有效果　也就是说

④ 비록　짧은 시간이　지만 오랫동안 지속하면 그것이 쌓이고 쌓여
　 虽然 很短暂的时间 但是　长时间　　　　就慢慢积累起来

　 나중에 큰 결과물로　나타난다는 것이다
　　 将　 很大的成效　　　会有

⑤ 하지만 이런 이론의 핵심은 어떤 행위를 꾸준히 지속하게 만드는
　 不过　这种理论的核心是　使某种行为　　　坚持下去的

　 원동력이 있어야 한다
　　 动力　　必须要有

⑥ 아무리 좋은 것도　여러 번 반복하면　싫증이 나듯　목표 없는
　　再好的东西　如果总是反反复复　也会腻烦一样　没有目标的

　 외국어 공부는 금방　지치고 포기하게 된다
　　 外语学习　很容易 疲惫 而　 放弃

⑦ 내가 왜 공부하는지? 무엇을 위해서 하는지 등등　자신이
　　我为什么学习?　　为了什么而学习　等等　让自己

　 꾸준히 공부할 수 있는 목표 의식을 만드는 것이 중요하다
　　可以 坚持不懈地 学习　目标意识　要 树立　重要的是

## 02 단어

| | | |
|---|---|---|
| 高效 | gāoxiào | 높은 효율, 효과 높은 |
| 坚持 | jiānchí | 끝까지 지속하다, 고수하다 |
| 短暂 | duǎnzàn | (시간 등) 매우 짧음 |
| 积累 | jīlěi | (조금씩) 쌓이다, 축적되다 |
| 成效 | chéngxiào | 성과, 효과 |
| 核心 | héxīn | 중요 부분, 핵심 |
| 动力 | dònglì | 원동력, 동력 |
| 腻烦 | nìfan | 싫증나다, 물리다 |
| 疲惫 | píbèi | 지치다, 기운이 빠지다 |
| 放弃 | fàngqì | (생각, 의견 등) 버리다, 포기하다 |
| 坚持不懈 | jiānchíbúxiè | 조금도 느슨하게 하지 않고 끝까지 유지해 나간다 |
| 意识 | yìshi | 의식하다, 깨닫다, 의식 |
| 树立 | shùlì | (계획, 목표 등) 세우다, 수립하다 |

## 03 구문 해설

① 외국어를 공부**할 때, 매일 10분 씩** 꾸준히 반복하는 것과 **일주일 중 하루를 정해서** 집중적으로 몇 시간을 공부하는 것 중, 과연 **어느 쪽이 더 효과적일까?**

- < ~ 할 때>: < ~ **时**> 또는 < ~ **的时候**>를 이용하여 표현한다. 혹은 <**在**学习外语**时**>라고 옮겨도 좋다.
- <매일 하루 10분씩 꾸준히 반복하는 것>: <**每天坚持10分钟反复**~~ > 이라고 표현한다.
- <일주일 중 하루를 정해서 ~>: <**一周中规定一天**集中学习几个小时> 로 표현하거나, <**规定**>를 빼고 <**一周中的一天集中学习几个小时**>라고 해도 좋다.
- <어느 쪽 ~ >: 어떤 방식을 가리키는 것으로 <**哪种方式**> 혹은 <**哪种方法**>로 옮긴다.

② 정답은 전자**라고 한다**.
- < ~ 라고 한다>: <전문가의 의견에 따르면>이라는 뜻으로 <据说>로 표현한다.
- <정답은 전자>: <答案是前者>라고 할 수 있으나, <전자가 더욱 합리적이다>라는 의미로 <前者更加合理>라고 옮긴다.

③ 하루에 조금이라도 **꾸준히 지속하는 게 효과적이라는 얘기이다**.
- <꾸준히 지속하는>: <坚持>뒤에 <下去>를 붙여 동작을 계속 지속해 나간다는 의미를 나타낸다.
- < ~ 라는 얘기이다>: <据说>, <听说>로 표현할 수도 있으나, 앞에서 언급한 내용을 좀 더 보충하는 의미를 가지고 있어 <也就是说>라고 옮기면 좋다.

④ **비록 짧은** 시간이지만 오랫동안 지속하면 그것이 **쌓이고 쌓여** 나중에 큰 **결과물로 나타난다**는 것이다.
- 문장 전체를 <虽然 ~~ , 但是 ~~ >를 이용하여 표현한다.
- <쌓이고 쌓여>: <累积起来>라고 표현하는 데, <起来>는 동사, 형용사 뒤에 붙어 동작이나 상황이 계속 지속됨을 나타낸다.
- <큰 결과물>: <很大的结果>라고 할 수 있으나, 효과, 성과라는 뜻의 <成效>로 표현하면 좋다.

⑤ 하지만 이런 이론의 핵심은 "어떤 행위"를 꾸준히 **지속하게 만드는** 원동력이 **있어야 한다**.
- < ~을 지속하게 만드는>: 사역형 표현으로 <使> 또는 <让> 등을 이용하여 <使(让)某个行为 + 坚持下去>로 표현한다.
- < ~ 있어야 한다>: <一定> 혹은 <必须> 등을 <有> 앞에 첨가하여 의미를 강조한다.

⑥ **아무리 좋은 것도** 여러 번 반복하면 싫증이 **나듯**, 목표 없는 외국어 공부는 금방 **지치고 포기하게 된다**.

- <아무리 좋은 것도>: <아무리>는 <再>를 이용하여 <再好的东西>라고 표현한다.
- < ~ 나듯>은 <像 ~~ 一样>으로 옮긴다. 위의 예문은 어떤 상황을 가정해서 서술하는 것으로 <如果>, <要是> 등을 사용해 <如果总是反反复复也会腻烦一样>라고 표현하면 좋다.
- <지치고 포기하게 된다>: 원인(지쳐서 → 疲惫)으로 인해 결과(포기한다 → 放弃)를 초래하는 인과 관계로서 <疲惫>와 <放弃>를 접속사 <而>로 연결하여 <疲惫而放弃>로 표현한다.

⑦ "내가 왜 공부하는지? 무엇을 위해서 하는지" 등등, 자신이 꾸준히 **공부할 수 있는** 목표 의식을 **만드는 것이 중요하다**.

- < ~~ 공부할 수 있는>: <자신으로 하여금 꾸준히 공부할 수 있도록>이라는 사역형 의미로 <让自己可以坚持不懈地学习~~ >라고 옮긴다.
- <꾸준히 ~~ >: <坚持不懈>로 표현한다.
- < ~ 만드는 것>: <계획 혹은 목표를 세우다, 수립하다>는 의미로서 <树立>로 표현한다.
- < ~ 중요하다>: <重要的是 ~~ >를 문장 앞에 놓아 <重要的是要树立一个让自己可以坚持不懈地学习的目标意识>라고 표현하면 뒤에 나오는 이유를 강조할 수 있다.

## 04 모범 문장

高效的学习外语方法

学习外语时，每天坚持10分钟反复学习和一周中规定一天集中学习几个小时，哪种方式更高效呢？ 据说前者更加合理 也就是说, 每天一点一点坚持下去更有效果。这是虽然很短暂的时间，但是长时间就慢慢积累起来将会有很大的成效。不过这种理论的核心是， 必须要有使"某种行为"坚持下去的动力。就像再好的东西, 如果总是反反复复也会腻烦一样, 没有目标的外语学习都很容易疲惫而放弃。"我为什么学习？为了什么要学习"等等, 重要的是要树立一个让自己可以坚持不懈地学习的目标意识。

## 05 비혼 예찬

최근 40대 미혼 여성이 쓴 자전적 에세이 "혼자 살면 어때요? 행복하면 그만이지"가 여성 독자들에게 많은 관심을 얻고 있다. 이 책은 단순히 "혼자 살아도 행복할 수 있으니 당신도 결혼하지 말라"고 독려하는 게 아니다. 결혼과 동시에 딸려오는 육아와 경제적 부담을 비롯하여, 미혼에서 기혼으로 신분이 바뀌는 순간 여자로서 감내해야 할 현실적인 문제가 너무나 많음을 이야기하고 있다. 요즘 우리 사회는 혼밥, 혼술 등 "혼자 즐기기"가 더 이상 주목을 받지 못할 정도로 보편화되었다. 이런 현상의 연장선에 비혼이 있다. 갈수록 각박해지는 사회 환경 속에서 개인의 행복 추구가 최대 관심사로 등장하면서 이제 결혼도 선택이라는 인식이 널리 펴져 있다. 누군가의 남편, 누군가의 엄마라는 굴레에서 벗어나 자신만의 행복을 추구하려는 생각이 비혼 현상으로 이어지는 것이다. 이런 결혼 기피 현상은 사회가 발전할수록 더욱 심화되고, 1인 가구의 증가로 전통적인 가족 개념에도 적지 않은 변화가 생길 것이다.

### 01 한중 대조

비혼 예찬
歌颂不结婚

① 최근  40대  미혼 여성이 쓴 자전적 에세이  혼자 살면 어때요?
　最近 一位40岁 未婚女性  写  自传 散文  一个人生活又怎么样？

　 행복하면 그만이지 가 여성 독자들에게 많은 관심을 얻고 있다
　　幸福就好了　　　女性读者　　受到了 很多的关注

② 이 책은 단순히 혼자 살아도 행복할 수 있으니 당신도 결혼하지 말라 고
　这本书　单纯的　一个人生活也　能够幸福　　所以 可以不结婚

　독려하는 게 아니다
　　鼓励　　并不是

③ 결혼과 동시에 딸려오는 육아와 경제적 부담을 비롯하여
　结婚后　随之而来的　　育儿和　经济负担　除了~之外

　미혼에서 기혼으로 신분이 바뀌는 순간　여자로서　감내해야 할
　从未婚　到已婚　身份　变化　瞬间　作为一个女人　要承担的

　현실적인 문제가 너무나 많음을 이야기하고 있다
　现实上的问题　非常　多　　就是 说

④ 요즘 우리 사회는 혼밥　　혼술　등　혼자 즐기기가
　当今 我们社会　独自吃饭　独自喝酒　等 独享(独自一个人享受)

　더 이상 주목을 받지 못할 정도로 보편화되었다
　不再　　被人们瞩目　　的地步　已经普及到了

⑤ 이런 현상의 연장선에 비혼이 있다
　这种现象的　延长线上　有不结婚现象

⑥ 갈수록 각박해지는 사회 환경 속에서 개인의 행복 추구가 최대 관심사로
　在越来越　严苛的　　社会环境里　要追求个人的幸福　最大的关注点

　등장하면서 이제 결혼도 선택이라는 인식이 널리 퍼져 있다
　　成为　　现在 结婚也是 一种选择的意识也 广泛 传开

⑦ 누군가의 남편 누군가의 엄마라는 굴레에서 벗어나
　　某人的丈夫　　某人的母亲　　摆脱了~的束缚

　　자신만의 행복을 추구하려는 생각이　비혼 현상으로 이어지는 것이다
　　　想追求自己幸福的　　　　想法　 不结婚现象　　相连接的。

⑧ 이런 결혼 기피 현상은 사회가 발전할수록　더욱 심화되고
　　这种 不结婚的现象　随着社会的发展　　更加　 严重

　　1인 가구의 증가로 전통적인 가족 개념에도 적지 않은 변화가 생길 것이다
　　随着单人家庭的增加 传统　家庭的概念也　很大　　会发生 变化

## 02 단어

| 歌颂 | gēsòng | 찬양하다, 칭송하다 |
| 未婚 | wèihūn | 미혼 |
| 自传 | zìzhuàn | 자서전 |
| 鼓励 | gǔlì | 격려하다 |
| 随之而来 | suízhī'érlái | 뒤따르다 |
| 育儿 | yù'ér | 육아, 아이를 키우다 |
| 负担 | fùdān | 부담 |
| 瞬间 | shùnjiān | 순간 |
| 承担 | chéngdān | 맡다, 담당하다 |
| 普及 | pǔjí | 널리 퍼지다, 보편되다 |
| 延长线 | yánchángxiàn | 연장선 |
| 严苛 | yánkē | 가혹하다 |
| 广泛 | guǎngfàn | 광범위하다, 폭넓다 |
| 束缚 | shùfù | 속박하다, 제한하다 |
| 追求 | zhuīqiú | 추구하다 |
| 概念 | gàiniàn | 개념 |

## 03 구문 해설

① 최근 40대 미혼 여성이 쓴 자전적 에세이 "**혼자 살면 어때요? 행복하면 그만이지**"가 여성 독자들에게 **많은 관심을 얻고 있다**.

- <혼자 살면 어때요?>: 반문을 하는 문장으로 <**一个人生活又怎么样？**>라고 표현한다. 이 때 <**又**>를 넣으면 어감을 좀 더 강하게 나타낼 수 있다.
- <행복하면 그만이지>: 조건이나 가정을 나타내는 < ~~ **就** ~~ > 형태로 <**幸福就好了**>라고 표현한다.
- < ~ 에게 많은 관심을 얻고 있다>: <**受到** ~~ **关注**>를 이용해 <**受到**了很多女性读者**的关注**>라고 표현할 수 있다. 이 때 <**得到** ~~ **关注**>로 표현해도 좋다.

② 이 책은 단순히 "**혼자 살아도 행복할 수 있으니 당신도 결혼하지 말라**"고 독려**하는 게 아니다**.

- <혼자 살아도 행복할 수 있으니 당신도 결혼하지 말라>: <**因为**~~ **所以**~~>를 이용해 <**因为**一个人生活也能够幸福，**所以**可以不结婚>으로 의미를 부각시켜 표현한다. 또는 <결혼할 필요없다>라는 뜻으로 < ~~ **所以**你也不需要结婚>으로 표현할 수도 있다.
- < ~ 하는 게 아니다>: <**并不是**~~ >를 이용하여 <**并不是**单纯的鼓励> 혹은 <**并不是**单纯的鞭策 biāncè>라고 표현할 수 있다.

③ **결혼과 동시에 딸려오는** 육아와 경제적 부담을 **비롯하여**, 미혼에서 기혼으로 신분이 바뀌는 순간 **여자로서 감내해야 할** 현실적인 문제가 너무나 많음을 **이야기하고 있다**.

- <결혼과 동시에 딸려오는>: <결혼 후 뒤따르다>라는 뜻으로 <结婚后**随之而来**>로 옮긴다.

- <비롯하여~ >: < ~을 제외하고 ~ 이다>라는 의미로서 <**除了 ~~ 之外**>를 써서 <**除了**结婚后随之而来的育儿和经济负担**之外**>라고 표현한다.
- <여자로서>: <**作为一个女人**>으로, <감내해야 할 ~ >는 <**要承担的 ~~** >로 표현하는 데, 조동사 <**要**>를 써야 의미가 명확해진다.
- < ~ 이야기하고 있다>: 앞에서 서술된 내용을 보충하는 의미로서 <**就是说**>라고 표현한다.

④ 요즘 우리 사회는 **혼밥, 혼술 등 "혼자 즐기기"**가 **더 이상 주목을 받지 못할 정도로 보편화되었다.**
- <혼밥, 혼술 등 혼자 즐기기>: <**独自吃饭, 独自喝酒等, 独自一个人享受**>라고 옮긴다.
- <더 이상 주목을 받지 못할 정도로 ~ >: 피동형으로 <**不再被**人们瞩目 ~~ >로 표현한다.
- < ~ 정도로>: 어떤 상황이나 형편에 이른다는 의미로서 < ~ **地步**>라고 표현한다.
- < ~ 보편화되었다>: <**普及到**>를 이용하여 <**普及到**了不再被人们瞩目的地步>라고 옮긴다.

⑤ **이런 현상의 연장선에** 비혼이 있다.
- <이런 현상의 연장선에 ~ >: < 연장선 위에 ~ >라는 의미로 <**这种现象的延长线上** ~~ >으로 표현한다.

⑥ **갈수록 각박해지는** 사회 환경 속에서 개인의 행복 추구가 **최대 관심사로 등장하면서** 이제 결혼도 선택이라는 **인식이 널리 퍼져 있다.**
- <갈수록 각박해지는 ~~ >: <**越来越**>를 이용하여 <**越来越**严苛>라고 표현한다.

- < ~ 등장하면서>: < ~으로 되다>라는 의미로 <成为 ~~ >로, <관심사>는 <关注点>으로 <成为人们的最大的关注点>이라고 옮긴다.
- < ~~ 인식이 널리 퍼져 있다>: <意识也广泛传开>라고 표현한다.

⑦ 누군가의 남편, 누군가의 엄마라는 **굴레에서 벗어나** 자신만의 행복을 추구하려는 생각이 비혼 **현상으로 이어지는 것이다**.
- < ~~ 굴레에서 벗어나>: <속박에서 탈피하다>라는 의미로 <摆脱 ~~ 的束缚>를 이용하여 <摆脱了某人的丈夫,某人的母亲的束缚>라고 옮긴다.
- < ~ 현상으로 이어지는 것이다>: <서로 연결되어 있다>라는 뜻으로 <与 ~~ 相连接>를 이용하여 <追求自己幸福的想法是与不结婚现象相连接的>라고 표현한다.

⑧ 이런 결혼 기피 현상은 **사회가 발전할수록 더욱 심화되고**, 1인 가구의 증가로 전통적인 가족 개념에도 **적지 않은 변화가 생길 것이다**.
- < ~~ 사회가 발전할수록 더욱 심화되고>: <사회의 발전에 따라 ~~ >라는 의미로 <随着社会的发展>을 이용하여 <随着社会的发展会更加严重>로 표현한다.
- <적지 않은 변화가 생길 것이다>: 추측의 어감을 나타내는 <会>를 이용하여 <会发生很大变化>라고 옮긴다.

## 04 모범 문장

歌颂不结婚

最近一位40岁未婚女性写自传散文<一个人生活又怎么样？幸福就好了>, 受到了很多女性读者的关注。这本书并不是单纯的鼓励<一个人生活也能够幸福, 所以可以不结婚>, 就是说除了结婚后随之而来的育儿和经济负担之外, 从未婚到已婚的身份的变化瞬间, 作为一个女人要承担的现实上的问题非常多。当今社会, 独自吃饭, 独自喝酒等"独自一个人享受", 已经普及到了不再被人们瞩目的地步。这种现象的延长线上有不结婚现象。在越来越严苛的社会环境里, 要追求个人的幸福就成为人们的最大的关注点。并且现在结婚也是一种选择的意识也广泛传开。摆脱某人的丈夫, 某人的母亲的束缚, 追求自己幸福的想法是与不结婚现象相连接的。这种不结婚的现象随着社会的发展会更加严重, 随着单人家庭的增加, 传统家庭的概念也会发生很大变化。

# 06 현금 결제가 필요 없는 세상

과학 기술이 발전하면서 우리의 생활 방식도 많이 바뀌었다. 특히 스마트폰이 등장하고 인터넷이 급속도로 발전하면서 전통적인 지불 방식에도 많은 변화가 나타났다. 예전에는 각종 카드와 현금으로 가득 찬 빵빵한 지갑을 자주 볼 수 있었다. 요즘은 카드로 결제하는 것은 기본이며, 휴대폰 결제도 갈수록 보편화 되고 있다. 현재 중국에서는 결제할 때 휴대폰으로 QR코드를 스캔하여 값을 지불한다. 큰 상점은 물론 길거리 작은 노점상조차도 QR코드로 계산을 한다고 한다. 이처럼 과학 기술의 혜택으로 편리한 생활을 누리게 되었지만, 반면에 인간이 하던 일을 점차 기계로 대체하는 현상이 많아지고 있다. 이로 인해 일자리 감소 등 여러 부작용이 속출하고 있다. 어릴 적 엄마와 함께 시장에 가서 물건 값을 흥정하던 인간적인 맛을 잃어버린 게 못내 아쉽기만 하다.

## 01 한중 대조

<u>현금 결제가</u> <u>필요 없는 세상</u>
　现金支付　　 不需要

① <u>과학 기술이</u> <u>발전하면서</u> <u>우리의</u> <u>생활 방식도</u> <u>많이 바뀌었다</u>
　　随着　科技　　发展　　　我们的　生活方式也　发生了很大变化

② <u>특히</u> <u>스마트폰이</u> <u>등장하고</u> <u>인터넷이</u> <u>급속도로</u> <u>발전하면서</u> <u>전통적인</u>
　　尤其是　智能手机　出现　　互联网的　迅速　　　发展　　　传统的

지불 방식에도 많은 변화가 나타났다
支付方式也 很多 出现了 变化

③ 예전에는 각종 카드와 현금으로 가득 찬 빵빵한 지갑을 자주 볼 수 있었다
　 以前　 各种 卡 和　 现金　 装满 鼓鼓的 钱包　 常常　看到

④ 요즘은 카드로 결제하는 것은 기본이며　 휴대폰　 결제도
　 如今　 用卡　 结账　 日常的现象 智能手机 支付也
갈수록 보편화 되고 있다
越来越　 普遍

⑤ 현재 중국에서는 결제할 때 휴대폰으로 QR코드를 스캔하여 값을 지불한다
　 现在　 中国　 结账时　 拿出手机　 二维码 扫描一下 就可以了

⑥ 큰 상점은 물론 길거리 작은 노점상조차도 QR코드로 계산을 한다고 한다
　 大商场 不仅　 街上的 小摊儿也　 用二维码来　 付款　 据说

⑦ 이처럼 과학 기술의 혜택으로 편리한 생활을 누리게 되었지만 반면에
　 虽然　 科技的 发展　 便利的生活 能让我们享受 但相反的是
인간이 하던 일을　 점차　 기계로 대체하는 현상이 많아지고 있다
把人们做的事情 越来越 用机器　 代替的现象　 多

⑧ 이로 인해 일자리 감소 등　 여러 부작용이　 속출하고 있다
　 因此　 工作岗位 减少 等 带来的各种的副作用 层出不穷

⑨ 어릴 적  엄마와  함께 시장에 가서 물건 값을 흥정하던
小的时候 跟妈妈 一块儿  去菜市    讨价还价

　인간적인 맛을 잃어버린 게 못내 아쉽기만 하다
　那种人情味 似乎消失了    令人遗憾

## 02 단어

| | | |
|---|---|---|
| 科技 | kējì | 과학 기술 (科学技术의 약칭) |
| 智能手机 | zhìnéng shǒujī | 스마트폰 |
| 互联网 | hùliánwǎng | 인터넷 |
| 迅速 | xùnsù | 신속하다, 급속하다 |
| 支付 | zhīfù | 지불하다 |
| 鼓鼓 | gǔgǔ | (빵빵하게 부풀어 오른 모습) 불룩하다 |
| 如今 | rújīn | (과거와 비교하여) 오늘, 현재 |
| 卡 | kǎ | 카드 |
| 结账 | jiézhàng | 계산하다, 결산하다 |
| 二维码 | èrwéimǎ | QR코드 |
| 扫描 | sǎomiáo | 스캔하다 |
| 小摊儿 | xiǎotānr | 작은 가게, 노점상 |
| 享受 | xiǎngshòu | 즐기다, 누리다 |
| 相反 | xiāngfǎn | 반대되다, 상반되다 |
| 代替 | dàitì | 대신하다, 대체하다 |
| 岗位 | gǎngwèi | 부서, 직장 |
| 副作用 | fùzuòyòng | 부작용 |
| 层出不穷 | céngchūbùqióng | 차례차례 일어나다, 계속 일어나다 |
| 讨价还价 | tǎojiàhuánjià | 흥정하다 |
| 人情味 | rénqíngwèi | 인정미 |
| 消失 | xiāoshī | 사라지다, 없어지다 |
| 似乎 | sìhu | 마치 ~ 인 듯하다(같다) |

## 03 구문 해설

① 과학 기술이 발전**하면서** 우리의 생활 방식도 **많이 바뀌었다**.
- < ~ 하면서>: 어떤 현상으로 인해 후에 동반되는 사실을 묘사하는 패턴으로 <随着 ~~ >를 이용하여 <随着科技的发展~~ >으로 표현한다.
- < ~ 많이 바뀌었다>: <发生 ~~ 变化>를 이용하여 <发生了很大的变化>로 옮긴다.

② 특히 스마트폰이 등장하고 인터넷이 급속도로 발전하면서 전통적인 지불 방식에도 **많은 변화가 나타났다**.
- <특히>: 여러 이유 중에 <그 중에서도>라는 뜻으로 <尤其是 ~>로 표현하며, <特别>라고 하지 않는다.
- <많은 변화가 나타났다>: < ~~ 出现了很多变化>라고 표현한다.

③ 예전에는 각종 카드와 현금으로 **가득 찬 빵빵한 지갑을** 자주 볼 수 있었다.
- <가득 찬~ >: <装 + 满>으로 결과보어를 이용하여 표현한다.
- < ~ 빵빵한 지갑>: 물건이 가득 차 부풀어 오른 형태를 묘사하는 <鼓鼓>를 이용하여 <鼓鼓的钱包>로 나타낸다.

④ **요즘은** 카드로 결제하는 것은 **기본이며**, 휴대폰 결제도 **갈수록 보편화 되고 있다**.
- <요즘>: <现在>, <最近> 등으로 표현할 수 있으나, <오늘날에 이르러>이라는 의미로 <如今>로 표현하면 좋다.
- < ~~ 기본이며>: <基本>이라고 표현하지 않고, 일상적인 모습이라는 의미로 <日常的现象>으로 옮긴다.
- < ~~ 갈수록 보편화 되고 있다>: <越来越~~ >를 이용하여 <越来越普遍>라고 표현한다.

⑤ 현재 중국에서는 결제할 때 **휴대폰으로 QR코드를 스캔하여 값을 지불한다**.
- <~~으로>: 도구 또는 수단을 나타내는 <**用**>, <**以**>, <**拿**> 등을 사용하여 <**用**手机> 혹은 <**拿出**手机> 등으로 표현한다.
- <QR코드를 스캔하여>: <**扫描一下**二维码>라고 표현한다. <**扫描** + **一下**>는 <동작을 한 번 하다>라는 뜻으로 간단한 스캔 동작만으로도 결제가 이루어짐을 의미한다.
- <값을 지불한다>: <**付钱**>이지만, 위의 예문은 <휴대폰으로 스캔만 하면 된다>라는 의미로 < ~~ **就可以了**>를 써서 <拿出手机扫描一下二维码**就可以了**>라고 옮기면 좋다.

⑥ 큰 상점은 **물론** 길거리 작은 노점상**조차도** QR코드로 계산을 한다고 한다.
- < ~ 물론>: < ~을 뿐만 아니라>라는 뜻으로 <**不仅** ~~ >을 이용하여 <**不仅**大商场 ~~ >로 표현한다.
- < ~ 조차도>: <**连** ~ **也**(**都**)>를 이용하여 의미를 강조하여 <**连**个街上的小摊儿**也** ~~ >라고 옮긴다.

⑦ 이처럼 **과학 기술의 혜택으로** 편리한 생활을 **누리게 되었지만, 반면에 인간이 하던 일을 점차 기계로 대체하는 현상이** 많아지고 있다.
- <과학 기술의 혜택으로>: <과학 기술의 발전>이라는 의미로 <**科技的发展**>로 표현한다.
- <과학 기술의 혜택으로 편리한 생활을 누리게 되었지만>에서 우리말은 주어가 없어도 어색하지 않지만, 중국어는 주어 <**我们**>이 있어야 자연스럽다. 또한 <우리로 하여금 누리게 하다>라고 사역형으로 표현하여 <科技的发展能**让我们**享受便利的生活>로 옮겨야 한다.
- <반면에>: <**相反的是**>라고 나타낸다.

- <인간이 하던 일을 기계로 대체하는 현상이>: <把 + 인간이 하던 일 + 用 + 기계 + 代替>로 <把人们做的事情用机器代替的现象>이라고 표현한다.

⑧ 이로 인해 일자리 감소 등 **여러 부작용이 속출하고 있다.**
- <여러 부작용이 ~~ >: <딸려오는 여러 부작용>이라는 뜻으로 <带来的各种副作用>으로 옮긴다.
- < ~~ 속출하고 있다>: <끊임 없이 계속 일어나다>라는 의미의 <层出不穷>으로 표현한다.

⑨ 어릴 적 엄마와 함께 시장에 가서 **물건 값을 흥정하던 인간적인 맛을 잃어버린 게 못내 아쉽기만 하다.**
- <물건 값을 흥정하던>: <讨价还价>로 표현한다.
- 위의 예문은 <마치 ~~ 한 듯>이라는 의미로 <似乎>로 옮기고, <인간적인 맛>은 <人情味>로 표현하여 <人情味都似乎消失了>로 옮긴다.
- <잃어버린>: 물건을 잃어버린 것이 아니라 어떤 현상 등이 <사라지다, 없어지다>라는 뜻으로 <消失>로 표현한다.
- <못내 아쉽기만 하다>: 사역형으로 <令人遗憾>으로 표현한다. 또는 <就觉得很遗憾>라고 옮겨도 된다.

## 04 모범 문장

不需要现金支付

随着科技的发展, 我们的生活方式也发生了很大的变化。尤其是智能手机的出现和互联网的迅速发展, 传统的支付方式也出现了很多变化。以前我们常常看到装满各种卡和现金的鼓鼓的钱包。如今用卡结账已成为日常的现象, 智能手机支付也越来越普遍。现在中国结账时拿出手机扫描一下二维码就可以了, 据说不仅大商场用二维码, 街上的小摊儿也用扫描二维码来付款。 虽然科技的发展能让我们享受便利的生活, 但相反的是把人们做的事情用机器代替的现象越来越多。 因此工作岗位减少等, 带来的各种副作用层出不穷。 小的时候跟妈妈一块儿去菜市讨价还价, 那种人情味都似乎消失了, 令人遗憾。

# 07 개량 한복

전통 문화를 사랑하고 지키자는 취지에 따라 요즘에는 한복을 입으면 고궁 무료 입장 혜택을 누릴 수 있다. 하지만 종로구청에서 개량 한복은 무료 입장 대상에서 제외하는 방안을 문화재청에 건의할 것으로 알려져 논란이 되고 있다. 개량 한복에 대한 제재를 찬성하는 쪽은 "한복의 대중화 및 세계화를 위해 무료 입장 혜택을 제공한 것인데, 지금은 엉뚱하게 국적 불명의 옷까지 혜택이 돌아가고 있다"고 주장한다. 다시 말해서 전통을 지키자는 의미가 퇴색되고, 오히려 전통을 해치는 만큼 혜택도 박탈해야 된다는 논리이다. 이에 대해 "전통이란 시대에 따라 해석이 달라지는 것"이라는 반대 의견도 있다. 취향과 편의성에 따라 의복의 소재, 모양 등이 변하는 건 당연한 일인데, 옛 것만 옳다고 하는 건 시대착오적인 발상이라고 반박한다. 한복을 시대 변화에 맞게 개량하여 대중화하면서도, 우리의 아름다운 전통을 지켜나가는 일 모두 중요하다.

## 01 한중 대조

개량 한복
改良韩服

① 전통 문화를 사랑하고 지키자는 취지에 따라 요즘에는 한복을 입으면
　传统文化　根据珍惜 和　维护　的宗旨　最近　　穿韩服

　고궁 무료 입장 혜택을 누릴 수 있다
　故宫 免费 入场 优惠　可以享受

② 하지만 종로구청에서 개량 한복은 무료 입장 대상에서 제외하는 방안을
　　但是　　钟路区政府　　改良韩服　　从免费入场的对象中　排除方案

　　문화재청에　건의할 것으로 알려져　논란이 되고 있다
　　向文化遗产厅　　要 提出　　　传出　　引起了争议

③ 개량 한복에 대한 제재를 찬성하는 쪽은 한복의 대중화 및 세계화를 위해
　　改良韩服　　　制裁的　赞成　一方　为了 韩服的大众化 和 全球化

　　무료 입장　혜택을 제공한 것인데 지금은 엉뚱하게 국적 불명의 옷까지
　　免费 入场　　提供了优惠　　　现在　　甚至　　连国籍不明的衣服都

　　혜택이 돌아가고 있다고　주장한다
　　得到了 优惠　　　　　　主张

④ 다시 말해서 전통을 지키자는 의미가 퇴색되고 오히려 전통을 해치는
　　再说　　　守护 传统的意义　　　褪色　　反而　　破坏 传统

　　만큼 혜택도 박탈해야 된다는 논리이다
　　　　取消 优惠　　　是应该的

⑤ 이에 대해 전통이란 시대의 변화에 따라 해석이 달라지는 것이라는
　　对此　　　传统是　　跟着时代变化　　其解释也 会 随之改变

　　반대 의견도 있다
　　有相反的意见

⑥ 취향과 편의성에 따라 의복의 소재 모양 등이 변하는 건 당연한 일인데
　　根据个人喜好和便利性　衣服的 材质 形状 等　变化 是　理所当然的

　　옛 것만 옳다고 하는 건 시대착오적인 발상이라고 반박한다
　　只有以前才是正确的　　　时代错误的　想法　　还反驳说

⑦ <u>한복을</u> <u>시대 변화에 맞게</u> <u>개량하여</u> <u>대중화하면서도</u>
　 韩服　随着 时代的变化　进行改良　　大众化

　<u>우리의 아름다운 전통을 지켜나가는 일</u> <u>모두</u> <u>중요하다</u>
　　守护 我们美丽的传统　　　　　都　　重要

## 02 단어

| 改良 | gǎiliáng | 개량하다, 개선하다 |
| 珍惜 | zhēnxī | 아끼며 소중히 여기다 |
| 维护 | wéihù | 지키다, 유지하고 보호하다 |
| 宗旨 | zōngzhǐ | 주지, 취지 |
| 根据 | gēnjù | 근거하다, 따르다 |
| 优惠 | yōuhuì | 혜택 |
| 区政府 | qūzhèngfǔ | 구청 |
| 排除 | páichú | 배제하다 |
| 文化遗产厅 | wénhuàyíchǎntīng | 문화재청 |
| 争议 | zhēngyì | 논쟁하다 |
| 制裁 | zhìcái | 제재하다 |
| 赞成 | zànchéng | 찬성하다 |
| 全球化 | quánqiúhuà | 세계화, 글로벌화 |
| 甚至 | shènzhì | 심지어, 더욱이 |
| 国籍不明 | guójí bùmíng | 국적 불명 |
| 褪色 | tuìsè | 퇴색되다 |
| 喜好 | xǐhào | 취향, 선호 |
| 形状 | xíngzhuàng | 형태, (물건의) 외관 |
| 反驳 | fǎnbó | 반박하다 |

## 03 구문 해설

① 전통 문화를 **사랑하고 지키자는 취지에 따라** 요즘에는 한복을 **입으면** 고궁 무료 입장 혜택을 누릴 **수 있다**.

- <사랑하고 지키자는>: 두 개의 동작이 대등하게 이어지는 표현이다.

<而>을 이용하여 <珍惜而维护> 혹은 <和>를 이용하여 <珍惜和维护>로 표현한다.

- < ~~ 취지에 따라>: <취지에 근거하여>라는 뜻으로 <根据 ~~ 宗旨>으로 표현한다.
<根据> 대신 <随着>, <依照> 등으로 옮겨도 된다.
- < ~~ 면 ~~을 수 있다>: 가정 또는 조건을 나타내는 문장 패턴으로 <如果(要是) ~, 可以 + 동사> 형태로 옮길 수 있다. 하지만 <如果>, <要是> 등 접속사를 빼고 <穿韩服可以享受~~ >로 표현하는 게 더 자연스럽다.

② 하지만 종로구청에서 개량 한복은 무료 입장 **대상에서 제외하는** 방안을 문화재청에 **건의할 것으로** 알려져 **논란이 되고 있다**.

- < ~~ 제외하는>: <排除>를 써서 <从免费入场的对象中排除 ~~ >이라고 표현한다.
- <방안을 문화재청에 건의할 것~~ >: <向 + 文化遗产厅 + 提出 + ~~ 方案>으로 옮긴다. 이 때 <要>를 덧붙여 <要向文化遗产厅提出改良韩服从免费入场的对象中排除方案>라고 옮긴다.
- < ~ 알려져 논란이 되고 있다>: < ~~ 소식이 전해진 후 논란이 되다>라는 뜻으로 <传出 ~~ 消息后, 就引起争议>라고 표현한다.

③ 개량 한복에 대한 제재를 **찬성하는 쪽**은 "한복의 대중화 및 세계화를 **위해** 무료 입장 혜택을 제공한 것인데, 지금은 **엉뚱하게 국적 불명의 옷까지** 혜택이 돌아가고 있다"고 **주장한다**.

- <찬성하는 쪽>: <赞成 ~~ 的一方>으로 표현한다.
- < ~~ 위해 ~~ 제공한 것인데>: <为了 ~~ 提供 ~~ >를 이용하여 <为了韩服的大众化和全球化提供了免费入场优惠>라고 옮긴다.

- <엉뚱하게 국적 불명의 옷까지>: <심지어>라는 뜻으로 <甚至连 ~ 都>을 이용하여 <甚至连国籍不明的衣服都>라고 의미를 강조하여 표현한다.
- < ~~ 주장한다>: <개량 한복에 대한 제재를 찬성하는 쪽이 주장한다>라는 의미로 <赞成改良韩服制裁的一方主张>으로 표현한 후 문장 앞에 놓는다.

④ **다시 말해서** 전통을 지키자는 의미가 퇴색되고, **오히려 전통을 해치는 만큼** 혜택도 박탈**해야 된다는 논리이다**.
- <다시 말해서>: 앞에서 언급한 내용을 보충하여 설명하는 것으로 <再说>라고 표현한다.
- <오히려 전통을 해치는 만큼>: < ~~ 만큼>은 굳이 중국어로 옮길 필요가 없다. <오히려 전통을 해친다>라는 뜻으로 <反而破坏传统>이라고 표현한다.
- < ~ 해야 된다는 논리이다>: <혜택을 없애는 건 당연하다>라는 의미로 <应该>를 이용하여 <取消优惠是应该的>라고 옮긴다.

⑤ **이에 대해** "전통이란 **시대에 따라 해석이 달라지는 것**"이라는 반대 의견도 있다.
- <이에 대해>: 대명사 <此>를 이용하여 <对此>라고 표현한다.
- <시대의 변화에 따라>: <跟着 + 시대의 변화>로 <跟着时代的变化>라고 옮긴다.
- <해석이 달라지는 것>: 대명사 <其>를 넣어 의미를 부각시켜 <其解释也会随之改变>으로 표현한다. 이 때 <随之>는 <그것에 따라>라는 의미로서 <时代的变化>를 가리킨다.

⑥ **취향과 편의성에 따라** 의복의 소재, 모양 등이 변하는 건 당연한 일인데, **옛 것만 옳다고 하는** 건 시대착오적인 발상이라고 **반박한다**.
- <그들은 반박한다 + 취향의 편의성에 따라 ~~~ 하는 건 시대착오적인 발상>순으로 작문한다.
- <취향과 편의성에 따라>: <**根据**>를 이용하여 <**根据**个人喜好和便利性>으로 옮긴다.
- <옛 것만 옳다고 하는~ >: <**只有** ~~ **才是** ~~~>로 <**只有**以前**才是**正确的>라고 표현한다.
- < ~ 반박한다>: <**反驳**>로 표현한다. 이 때 우리말 예문에는 주어가 없지만 중국어는 주어 <**他们**>을 명확히 제시하여 <**他们**还反驳说>라고 옮겨야 한다.

⑦ 한복을 **시대 변화에 맞게** 개량하여 대중화하면서도, **우리의 아름다운 전통을 지켜나가는 일** 모두 중요하다.
- <시대 변화에 맞게 ~~ >: <**随着** ~ >를 이용하여 <**随着**时代的变化>라고 표현한다.
- < ~~ 개량하여>: 동사 <**改良**>과 조동사적인 기능을 가진 <**进行**>을 함께 써서 <**进行**改良>이라고 옮겨야 자연스럽다.
- <우리의 아름다운 전통을 지켜나가는 일>: <**守护**我们美丽的传统>이라고 표현한다.

## 04 모범 문장

改良韩服

根据热爱和维护传统文化的宗旨，最近穿韩服可以享受故宫免费入场优惠。但是传出钟路区政府要向文化遗产厅提出改良韩服从免费入场的对象中排除方案的消息后，就引起了争议。赞成改良韩服制裁的一方主张：为了韩服的大众化和全球化提供了免费入场优惠，现在甚至连国籍不明的衣服都得到了优惠。再说，守护传统的意义褪色，反而破坏传统，因此取消优惠是应该的。对此有相反的意见"传统是跟着时代变化其解释也会随之改变"。他们还反驳说，根据个人喜好和便利性，衣服的材质、形状等变化是理所当然的，只有以前才是正确的，这是时代错误的想法。韩服随着时代的变化进行改良，大众化，守护我们美丽的传统都很重要。

# 08 작은 행동의 반복

겨울의 터널을 지나 따뜻한 봄날이 우리를 향해 다가오는 요즘, 당신은 새해에 세웠던 목표를 얼마나 실천하고 계십니까? "작심삼일"을 인생의 좌우명으로 여기며, 벌써 포기하신 분들은 없으신지요? "끈기 부족, 의욕 상실, 귀찮음" 등등, 실패한 후 핑계거리를 찾는 마음가짐을 없애고 목표를 달성할 수 있는 방법을 전문가들은 이렇게 조언한다. "작은 행동을 반복하라" 가령, 하루에 영어 단어 20개를 외우겠다고 결심했다면, 필요한 건 "꼭 외우겠다"는 의지가 아니다. 가방에서 단어장을 꺼내는 작은 행동이 필요하다, "기왕 꺼낸 김에 단어 하나라도 외워보자".

다가올 여름을 위해 8등신 몸매를 만들겠다는 목표를 세웠다면, 필요한 건 헬스 프로그램을 몇 회에 걸쳐 꼭 하겠다는 결심이 아니다. 문을 열고 집을 나서는 행동, 헬스 클럽의 문을 열고 들어가는 행동이 필요하다. 기왕에 왔으니 운동이나 조금 하자, 다시 말해서 목표를 이루기 위해 "결연한 의지력"이 필요한 것이 아니다. 반복되는 작은 행동이 자연스럽게 결과로 이어지도록 하는 것이다.

### 01 한중 대조

작은 행동의 반복
细小的行动 反复

① 겨울의 터널을 지나 따뜻한 봄날이 우리를 향해 다가오는
　走出 冬天的隧道后 暖和的春天 　向 我们 　靠近

① 요즘 당신은 새해에 세웠던 목표를 얼마나 실천하고 계십니까?
　现在　您　　新年　定的　目标　　　实现了多少呢?

② 작심삼일을 인생의 좌우명으로 여기며 벌써 포기하신 분들은 없으신지요?
　将一曝十寒　作为 人生的座右铭　已经　　放弃的人　　有没有？

③ 끈기 부족　의욕 상실　귀찮음　등등　실패한 후
　缺乏耐性　丧失欲望　感到厌烦　等等　做事失败后

　핑계거리를 찾는 마음가짐을 없애고 목표를 달성할 수 있는 방법을
　　　找借口的心理　　　　打消　还能　达成目标的　有效方法

　전문가들은 이렇게 조언한다　작은 행동을 반복하라
　　专家们　这样　提出建议　　要反复　小行动　吧

④ 가령 하루에 영어 단어 20개를 외우겠다고 결심했다면 필요한 건
　假如　一天　　要 背 20个英语单词　　　决心　　（这时）

　꼭 외우겠다는　　의지가 아니다
　一定要背下来的　不需要　毅力

⑤ 가방에서 단어장을 꺼내는 작은 행동이 필요하다 기왕 꺼낸 김에
　从书包里 拿出 生词本的　　需要　小行动　　既然（已经）

　단어 하나라도 외워보자
　拿出来了　背一个单词吧

⑥ 다가올 여름을 위해 8등신 몸매를 만들겠다는 목표를 세웠다면
　为 来临的夏天　　变为 魔鬼身材的　　　定下 计划

　필요한 건 헬스 프로그램을 반드시 꾸준히 하겠다는 결심이 아니다
　　　　　健身 节目　　一定 好好坚持的　　　决心　不需要

⑦ 문을 열고 집을 나서는 행동 헬스 클럽의 문을 열고 들어가는 행동이 필요하다
　打开门　　迈出去　　推开健身俱乐部的门　进去的行动　需要的是

⑧ 기왕에 왔으니 운동이나 조금 하자 다시 말해서 목표를 이루기 위해
　既然 到来了　就 做点运动吧　　换句话说　　要 达成 目标

　결연한 의지력이　필요한 것 이 아니다
　坚定的 意志力　　就不需要

⑨ 반복되는 작은 행동이 자연스럽게 결과로 이어지도록 하는 것이다
　从反复的　小行动　自然而然　积累出结果　重要的是

## 02 단어

| | | |
|---|---|---|
| 隧道 | suìdào | 터널 |
| 一曝十寒 | yīpùshíhán | 하루만 볕을 쬐고 열흘은 응달에 둔다, 꾸준하지 못 하고 게으르다 |
| 座右铭 | zuòyòumíng | 좌우명 |
| 缺乏 | quēfá | 모자라다, 결핍되다 |
| 耐性 | nàixìng | 참을성, 인내심 |
| 丧失 | sàngshī | 잃어버리다 |
| 厌烦 | yànfán | 귀찮아하다, 싫어하다 |
| 假如 | jiǎrú | 만약, 만일 |
| 毅力 | yìlì | 굳센 의지, 끈기 |
| 魔鬼身材 | móguǐ shēncái | 8등신 몸매(여자) |
| 迈 | mài | 큰 걸음으로 성큼성큼 나아가다 |
| 健身俱乐部 | jiànshēn jùlèbù | 헬스 클럽 |
| 意志力 | yìzhìlì | 의지력 |
| 自然而然 | zìrán'érrán | 자연스럽게, 저절로 |

## 03 구문 해설

① 겨울의 터널을 지나 **따뜻한 봄날이 우리를 향해 다가오는 요즘, 당신은 새해에 세웠던 목표를 얼마나 실천하고 계십니까?**

- <따뜻한 봄날이 우리를 향해 다가오는 요즘>: <**现在**>를 문장 앞에 놓아 <**现在**暖和的春天向我们靠近>라고 옮긴다.
- <당신이 새해에 세웠던 목표를 얼마나 실천하고 계십니까>: 목적어인 <새해에 세웠던 목표>를 문장 앞으로 보내 <**新年定的目标**, 您实现了多少呢?>라고 표현하면 의미를 좀 더 강조할 수 있다. <실천하다>는 <**实现**> 또는 <**实践**>으로 표현한다.

② **"작심삼일"을 인생의 좌우명으로 여기며**, 벌써 포기하신 분들은 없으신 지요?

- < ~을 ~로 여기다>: <**把(将)** ~ **作为** ~ > 형태로 작문한다.
- <작심삼일>: <**一曝十寒**> 혹은 <**三天打鱼, 两天晒网**>으로 표현한다.

③ "끈기 부족, 의욕 상실, 귀찮음" 등등, 실패한 후 핑계거리를 찾는 마음가짐을 없애고 목표를 달성할 수 있는 방법을 전문가들은 이렇게 조언한다, "작은 행동을 반복하라"

- <끈기 부족, 의욕 상실, 귀찮음>: <**缺乏耐性**>, <**丧失欲望**>, <**感到厌烦**>으로 표현한다. 이 때 <귀찮음>은 주관적인 느낌을 나타내는 심리동사 <**感到**>를 함께 써야 자연스럽다.
- <실패한 후>: <**做事**>를 넣어 <**做事**失败后>로 표현해야 의미가 명확하게 전달된다.
- <마음가짐을 없애고>: <**打消 ~~ 的心理**>라고 표현한다.
- <목표를 달성할 수 있는 방법>: <还**能**达成目标的有效方法>라고 표현하는데 <**能**>을 빼지 않도록 주의한다.

- <효과적인 방법>: <**有效**方法>로 표현한다. 이 때 문장 앞에 <**还**>를 써서 앞 절과 대등한 관계로 연결시켜 <게다가>라는 뜻을 나타낸다.
- < ~~ 조언한다>: 이떤 방법 등을 <제안한다>라는 의미로서 <**建议**>로 옮긴다.

④ **가령, 하루에 영어 단어 20개를 외우겠다고 결심했다면**, 필요한 건 "꼭 외우겠다"는 **의지가 아니다.**
- <가령>: 만약, 만일의 뜻으로 접속사 <**如果**>, <**要是**>, <**假如**> 등으로 표현한다.
- <하루에 영어 단어 20개를 외우겠다고 결심했다>: <**决心一天背**20个**英语单词**>라고 옮긴다.
- < ~~겠다는 의지가 아니다>: <**不需要** ~~~ **的毅力**>라고 표현한다.

⑤ 가방에서 단어장을 꺼내는 **작은 행동이 필요하다**, "**기왕** 꺼낸 김에 단어 하나라도 **외워보자**"
- <필요하다 + 가방에서 단어장을 꺼내는 작은 행동이>라는 어순으로 <**需要**从书包里拿出生词本的小行动>라고 옮긴다.
- <기왕 ~~ 외워보자>: <**既然**>을 이용하여 <**既然**已经拿出来了, 那就背一个单词吧>라고 표현한다.

⑥ **다가올 여름을 위해** 8등신 몸매를 만들겠다는 목표를 세웠다면, 필요한 건 헬스 프로그램을 반드시 꾸준히 하겠다는 **결심이 아니다.**
- <다가올 여름을 위해 ~~ >: <**为来临**的夏天>이라고 표현한다.
- <헬스 프로그램을 반드시 꾸준히 하겠다>: <**一定好好坚持**健身节目>라고 옮긴다.

⑦ **문을 열고 집을 나서는** 행동, **헬스 클럽의 문을 열고 들어가는 행동**이 필요하다.
- <문을 열고 집을 나서는>: 동작의 순서대로 열거하여 <**打开**门**迈**出去>라고 표현한다.
- <헬스 클럽의 문을 열고 들어가는 행동>: <**走进健身房的行动**>이라고 표현한다.

⑧ 기왕에 **왔으니** 운동이나 조금 하자, 다시 말해서 **목표를 이루기 위해** "결연한 의지력"이 필요한 **것이 아니다**.
- < ~ 왔으니 ~ 하자>: 조건을 표시하는 문장으로 < ~~ **了**, **就** ~~ >를 이용하여 <来**了就**做点运动>라고 옮긴다.
- <목표를 이루기 위해>: <**为了**达成目标>로 할 수 있고, 조동사 <**要**>를 이용하여 <**要**达成目标 ~~ >라고 표현할 수 있다.

⑨ **반복되는 작은 행동**이 **자연스럽게 결과로 이어지도록** 하는 것이다.
- <반복되는 작은 행동이 ~~ >: <**小行动**> 앞에 동작의 주체를 나타내는 <**由**>를 붙여 <**由**这些**小行动**>이라고 표현하면 <작은 동작으로 하여금>이라는 의미를 가진다.
- <자연스럽게 결과로 이어지도록 ~ >: <**自然而然**地连结起来, 积累出结果>라고 옮긴다.

## 04 모범 문장

反复细小的行动

走出冬天的隧道后，现在暖和的春天向我们靠近，新年定的目标，您实现了多少呢？ 将一曝十寒作为人生的座右铭，有没有已经放弃的人？ "缺乏耐性，丧失欲望，感到厌烦"等等，打消做事失败后找借口的心理，还能达成目标的有效方法， 专家们这样建议；"要反复小行动吧"。假如，要决心一天背20个英语单词, 这时不需要 "一定要背下来"的毅力，而是需要从书包里拿出生词本的小行动，"既然已经拿出来了，那就背一个单词吧"。 为来临的夏天定下变为魔鬼身材的计划， 也不需要一定好好坚持健身节目的决心。需要的是打开门迈出去，并走进健身房的行动。"既然来了就做点运动吧"。换句话说；要达成目标就不需要坚定的意志力。 重要的是由这些小行动自然而然地连结起来, 积累出结果。

# 09 낙태죄 폐지

　헌법재판소는 4월 11일 형법 제269조 1항(동의 낙태죄)과 제270조 1항(자기 낙태죄)에 관한 헌법소원에 대해 재판관 7대2 의견으로 헌법불합치 결정을 내렸다. 헌재에서 낙태죄 위헌 여부에 대한 판결의 핵심은 태아의 생명권과 임신·출산 시기를 선택할 수 있는 여성의 자기결정권이라는 양립하는 가치의 충돌이었다. 2012년 8월 낙태죄가 처음 헌재의 심판에 올랐을 때에는 태아의 생명권을 강조한 합헌 의견과 여성의 자기결정권을 중시한 위헌 의견이 4대4로 합헌 결정이 되었지만, 이번에는 재판관 9명 중 7명이 "임신 초기"의 낙태까지 처벌하는 것은 임산부의 자기결정권을 과도하게 침해한다고 판단했다. 하지만 낙태죄를 합헌으로 남겨두자는 일부 재판관의 소수 의견도 있다. 한편, 한국보건사회연구원이 2018년 9월 전국의 만15세~44세의 가임 여성 1만 명을 대상으로 낙태죄 처벌에 대해 조사한 결과, 낙태죄 처벌 규정을 폐지해야 한다고 답한 비율이 전체 응답자의 75.4%로 나타났다.

## 01 한중 대조

낙태죄 폐지
堕胎罪 废除

① 헌법재판소는 4월 11일　　　형법 제269조 1항(동의 낙태죄)과
　 宪法法院　4月11日　对于《刑法》第269条第1项(同意性堕胎罪)和

　 제270조 1항(자기 낙태죄)에 관한
　 第270条第1项(自愿性堕胎罪)的

헌법소원에 대해 재판관 7대2 의견으로 헌법불합치 결정을 내렸다
宪法诉愿　　以法官7比2的意见　做出了不符合宪法的决定

② 헌재에서　　낙태죄 위헌 여부에 대한 판결의 핵심은
在宪法法院　关于堕胎罪是否违宪的判决核心是

　태아의 생명권과　임신·출산 시기를　　선택할 수 있는
　胎儿的生命权 和　怀孕和生育时期的　　可以选择

　여성의 자기결정권이라는 양립하는 가치의 충돌이었다
　女性的自主决定权　　　相互对立的价值冲突

③ 2012년 8월　낙태죄가 처음 헌재의 심판에 올랐을 때에는
　于2012年8月　首次对于堕胎罪的违宪进行审判时,

　　태아의 생명권을 강조한　합헌 의견과
　　重视调胎儿的生命权的　符合宪法意见和

　　여성의 자기결정권을 중시한 위헌 의견이　4대4로 합헌 결정이 되었지만
　　尊重女性自主决定权的违宪意见是　　　4比4　判定为合法

④　이번에는　　　재판관 9명 중 7명이　　<임신 초기>의 낙태까지
　但是在这次审判　9名审判官中有7名审判官认为　对于怀孕初期的堕胎

　처벌하는 것은　임산부의 자기결정권을 과도하게 침해한다고 판단했다
　都要处罚　　产妇的自主决定权　　　　判断了过于侵犯

⑤ 하지만 낙태죄를 합헌으로 남겨두자는 일부 재판관의　소수 의견도 있다
　不过　　将堕胎罪认定为合法的　　　有一部分审判官 还提出少数意见

⑥ 한편   한국보건사회연구원이   2018년 9월   전국의 만15세~44세의
　另外 由韩国保健社会研究院 于2018年9月 以全国满15岁～44岁的

　가임여성 1만 명을 대상으로   낙태죄에 대해        조사한 결과
　育龄妇女 1万个人为对象 对于堕胎罪处罚的 进行了问卷调查, 结果是

---

⑦ 낙태죄 처벌 규정을 폐지해야 한다고   답한 비율이
　赞成废除有关堕胎的处罚规定的       回答

　전체 응답자의 75.4%로 나타났다
　占了全体被调查人的75.4%。

## 02 단어

| 堕胎 | duòtāi | 낙태하다, 인공 유산하다 |
| 废除 | fèichú | (법령, 제도, 조약 등을) 폐지하다, 취소하다 |
| 宪法法院 | xiànfǎ fǎyuàn | 법원, 법정 |
| 刑法 | xíngfǎ | (법률) 형법 |
| 诉愿 | sùyuàn | (법률) 소원하다, 원하다 |
| 处罚 | chǔfá | 처벌하다 |
| 符合 | fúhé | 부합하다, 일치하다, 맞다 |
| 违宪 | wéixiàn | (법률) 위헌, 위법 |
| 冲突 | chōngtū | 충돌하다, 모순되다 |
| 判断 | pànduàn | 판단하다, 판정하다 |
| 审判 | shěnpàn | (법률) 심판하다, 심리하다 |
| 育龄 | yùlíng | 가임 연령 |
| 问卷调查 | wènjuàn diàochá | 설문 조사 |
| 赞成 | zànchéng | 찬성하다 |

## 03 구문 해설

① **헌법재판소는 4월 11일** 형법 제269조 1항(동의 낙태죄)과 제270조 1항(자기 낙태죄)**에 관한** 헌법소원에 대해 재판관 7대2 의견**으로** 헌법불합치 **결정을 내렸다.**

- <헌법재판소>: <**宪法法院**>라고 하며, <**宪法裁判所**>로 써도 무방하다.
- < ~ 으로 ~에 대해 ~ 결정을 내렸다>: <**以**~~ **对**~~ **做决定**>으로 <**以**7比2的意见, **对** ~~ 宪法诉愿**做出**了~~ 的**决定**>이라고 표현한다.
- 위의 우리말 예문을 <**对于**《刑法》第269条第1项(同意性堕胎罪)和第270条第1项(自愿性堕胎罪)的宪法诉讼**进行审判**, 审判官**以**7比2的意见**决定了**与宪法不符>라고 옮겨도 된다.

② 헌재에서 낙태죄 **위헌 여부**에 대한 판결의 핵심은 태아의 생명권과 임신·출산 시기를 선택할 수 있는 여성의 자기결정권이라는 **양립하는 가치의 충돌이었다.**

- <위헌 여부>: <**是否违宪**>라고 표현하거나 <**违宪与否**>라고 옮길 수 있다.
- <양립하는 가치의 충돌>: <서로 대립되는 가치의 충돌>의 뜻으로 <**相互对立的价值冲突**>라고 표현한다.

③ 2012년 8월 낙태죄가 **처음 헌재의 심판에 올랐을 때**에는 태아의 생명권을 **강조**한 합헌 의견과 여성의 자기결정권을 **중시**한 **위헌 의견이 4대 4로 합헌 결정이 되었지만**

- <처음 헌재의 심판에 올랐을 때>: <처음 위헌 여부를 심판할 때>라는 의미로 <首次**对于**堕胎罪的违宪**进行审判时**>로 표현한다.

- <강조>: <强调>라고 할 수 있으나, 여기서는 <중시>, <존중>의 뜻으로 <重视>, <尊重>으로 옮기는 게 좋다.
- <위헌 의견이 4대4로 합헌 결정이 ~~ >: <违宪意见是4比4, 判定为合法>로 표현한다.

④ **이번에는 재판관 9명 중 7명이 "임신 초기"의 낙태까지 처벌하는 것은 임산부의 자기결정권을 과도하게 침해한다고 판단했다.**
- <이번에는>: <그러나 이번 심리에서>라는 의미로 <但是在这次审判>로 표현한다.
- <재판관 9명 중 7명이 ~~ >: <9名审判官中有7名审判官认为 ~~ >라고 표현한다.
- <임신 초기의 낙태까지 처벌하는 것은>: <对于 ~ 要处罚>를 이용하여 <对于怀孕初期的堕胎都要处罚>라고 표현한다. 이 때 <都>와 <要>를 써서 < ~~까지도 예외 없이 처벌하다>라고 의미를 강조하여 표현한다.
- < ~~ 과도하게 침해한다고 판단했다>: <判断了过于侵犯产妇的自主决定权>로 옮긴다.

⑤ 하지만 낙태죄를 합헌으로 남겨두자는 일부 재판관의 **소수 의견도 있다.**
- <낙태죄를 합헌으로 남겨두자>: <합헌으로 인정하다>라는 의미로 <把(将) ~ 认定为~ >로 <把(将)堕胎罪认定为合法>라고 표현한다.
- < ~~ 소수 의견도 있다>: <소수 의견을 제출하였다>라는 의미로 <还提出 ~~ 的少数意见>이라고 옮긴다.

⑥ **한편, 한국보건사회연구원이** 2018년 9월 전국의 만15세~44세의 가임 여성 1만 명을 **대상으로** 낙태죄 처벌에 **대해 조사**한 결과

- <한편>: <另一方面>이라고 표현한다.
- <한국보건사회연구원이>: 동작의 주체를 나타내는 <由>를 이용하여 <由韩国保健社会研究院>라고 표현한다.
- < ~~을 대상으로>: <以 ~~ 为调查对象> 형태로 <以全国满15岁~44岁的育龄妇女1万个人为调查对象>라고 옮긴다.

⑦ 낙태죄 처벌 규정을 **폐지해야 한다고** 답한 비율이 전체 **응답자**의 75.4%로 **나타났다**.

- <폐지해야 한다>: <要>를 써서 <要废除>라고 표현한다.
- <응답자>: 조사에 응한 대상으로 <被调查人>라고 피동형으로 옮긴다.
- <나타났다>: <결과가 ~~라고 나타났다>라는 의미로 문장 앞에 <结果>를 써서 <结果是赞成废除有关堕胎的处罚规定的回答占了全体被调查人的75.4%>라고 표현한다.

## 04 모범 문장

废除堕胎罪

　　4月11日, 宪法法院法官们以7比2的意见, 对于《刑法》第269条第1项(同意性堕胎罪)和第270条第1项(自愿性堕胎罪)的宪法诉愿做出了不符合宪法的决定。在宪法法院, 关于堕胎罪是否违宪的判决核心是<胎儿的生命权>和可以选择怀孕和生育时期的女性的<自我决定权>相互对立的价值冲突。于2012年8月, 首次对于堕胎罪的违宪进行审判时, 重视调胎儿的生命权的合法意见和尊重女性自主决定权的违宪意见是4比4, 判定为合法。但是在这次审判, 9名审判官中有7名审判官认为, 对于怀孕初期的堕胎都要处罚，判断了过于侵犯产妇的自主决定权。不过有一部分审判官还提出将堕胎罪认定为合法的少数意见。另一方面，于2018年9月，以全国满15岁～44岁的育龄妇女1万个人为调查对象，由韩国保健社会研究院进行了对于堕胎罪处罚的问卷调查，结果是赞成废除有关堕胎的处罚规定的回答占了全体被调查人的75.4%。

# 10  도시의 매력

도시의 매력은 그 곳에 살아가는 사람들이 만든다. 많은 사람들이 파리를 매력적으로 느끼는 이유는, 파리 사람들이 자신이 살아가는 도시를 아름답게 가꾸기 때문이다. 낡은 건물을 헐어내고 도로를 넓혀 반듯하게 만들지 않고, 대신 좁고 굽은 골목에 활기를 불어넣고 작고 개성적인 상점들을 열어 독특한 색깔을 가지도록 했다. 그렇게 동네 주민들을 위한 골목들이 모여 파리가 아름다운 꽃처럼 피어나는 것이다. 이렇듯 도시의 매력은 "사람들이 지나다니는 길과 모여드는 공간을 어떻게 꾸미느냐"에 달려있다. 우리의 도시 색깔도 많이 달라지고 있다. 대형 쇼핑몰과 넓은 8차선 도로가 각광 받던 시대는 이제 지났다. 이제는 "문화적 배경, 그 안에 녹아있는 스토리와 경험"을 중시한다. 낡고 불편할 것 같은 북촌 한옥 마을에 관광객이 모이고, 시골의 조그만 벽화 마을을 굳이 찾아가는 데는 다 그만한 이유가 있다.

### 01 한중 대조

도시의 매력
都市的魅力

① 도시의 매력은 그 곳에 살아가는 사람들이　　 만든다.
　都市的魅力　　由生活在当地的住民　所创造出来的

② 많은 사람들이 파리를 매력적으로 느끼는 이유는, 파리 사람들이
　 很多人　　　　感到巴黎很美丽的原因　　巴黎的市民

자신이 살아가는 도시를 아름답게 가꾸기 때문이다.
自己的空间　　　　努力美化　　是因为

③ 낡은 건물을 헐어내고 도로를 넓혀 반듯하게 만들지 않고,
他们没拆掉破旧的栋楼修宽马路,

대신 좁고 굽은 골목에 활기를 불어넣고
但是 给弯弯曲曲的胡同里 注入活力

작고 개성적인 상점들을 열어 독특한 색깔을 가지도록 했다.
还开了小而有个性的商店,　　使胡同带着独特的风格

④ 그렇게 동네 주민들을 위한 골목들이 모여 파리가 아름다운 꽃처럼 피어나는 것이다.
就这样 为住民的胡同聚集在一起　让巴黎像盛开的美丽的花朵

⑤ 이렇듯 도시의 매력은 "사람들이 지나다니는 길과 모여드는 공간을
这样　城市魅力　　　人们行走的路　　和 聚在一起的空间

어떻게 꾸미느냐"에 달려있다.
如何装饰"　　就要看看

⑥ 우리의 도시 색깔도 많이 달라지고 있다.
我们的城市色彩也　　变化了很多

⑦ 대형 쇼핑몰과 넓은 8차선 도로가　　각광 받던 시대는　이제 지났다.
现在大型购物中心和宽阔的八个车道备　受瞩目的时代　已经过去了

⑧ 이제는 "문화적 배경, 그 안에 녹아있는 스토리와 경험"을 중시한다.
目前　"文化背景、对此里融入的　故事和经验"　要注重

⑨ 낡고 불편할 것 같은 북촌 한옥 마을에  관광객이 모이고,
　　　破旧不便的北村韩屋村　　  有许多游客要访问

시골의 조그만 벽화 마을을  굳이 찾아가는 데는 다 그만한 이유가 있다.
　　乡下的小壁画村是　　　　还偏要去　　　　　 有理由

## 02 단어

| 魅力 | mèilì | 매력 |
| 之所以 | zhīsuǒyǐ | ~ 한 이유는 ~한 까닭이다 (뒤에 因为 등을 동반한다) |
| 巴黎 | Bālí | 프랑스 파리 |
| 拆掉 | chāidiào | 헐다, 뜯어내다 |
| 栋楼 | dònglóu | 건물 |
| 弯弯曲曲 | wānwan qūqū | 구불구불(꼬불꼬불), 골목길의 모양을 나타낸다 |
| 注入 | zhùrù | 주입하다 |
| 风格 | fēnggé | 풍격, 스타일 |
| 装饰 | zhuāngshì | 장식하다 |
| 购物中心 | gòuwù zhōngxīn | 쇼핑 센터 |
| 备受 | bèishòu | 실컷 받다 |
| 宽阔 | kuānkuò | 넓다 |
| 融入 | róngrù | 융합되어 들어가다 |
| 偏要 | piānyào | 한사코 ~ 하려 하다, 굳이 |
| 壁画 | bìhuà | 벽화 |

## 03 구문 해설

① 도시의 매력은 **그 곳에 살아가는 사람들이 만든다**.

- <그 곳에 살아가는 사람들이>: <**由**生活在当地的住民>라고 표현하는데, <**由**>는 ~가(이), ~에서 등 동작의 주체를 나타낸다.

- < ~ 만든다>: <**所**创造出来**的**>라고 표현한다. <대상 + **所** + 동사 + **的**>는 행위자와 동작의 관계를 나타내는 표현으로 <그 곳을 살아가는 사람들이 만들고 가꾸다>라는 의미를 강조한다.

② 많은 사람들이 파리를 매력적으로 느끼는 **이유는**, 파리 사람들이 자신이 살아가는 도시를 아름답게 가꾸기 **때문이다**.
- < ~ 이유는 ~~ 때문이다>: <**之所以** ~~ **因为** ~~>를 이용하여 <**之所以**很多人感到巴黎很美丽的原因, 是**因为**巴黎的市民都努力美化自己的空间>라고 옮긴다. <**之所以**>는 대개 뒤에 <**为了**>, <**由于**>, <**因为**> 등을 동반하여 이유 혹은 원인을 표현한다.
- <아름답게 가꾸기 ~~ >: <**努力美化**自己的空间>라고 옮긴다.

③ 낡은 건물을 **헐어내고** 도로를 **넓혀** 반듯하게 **만들지 않고**, 좁고 굽은 골목에 **활기를 불어넣고** 작고 개성적인 상점들을 열어 독특한 색깔을 **가지도록 했다**.
- <낡은 건물을 **헐어내고** 도로를 **넓혀** 반듯하게~ >: <他们没**拆掉**破旧的栋楼**修宽**马路>라고 옮긴다.
- <활기를 불어넣고>: <**注入活力**>라고 표현한다.
- < ~~ 가지도록 했다>: 사역형으로 <**使**胡同带着独特的风格>라고 옮긴다.

④ 그렇게 **동네 주민들을 위한 골목**들이 모여 파리가 아름다운 꽃처럼 피어나는 것이다.
- <동네 주민을 위한 골목>: <**为住民的胡同**>이라고 표현한다.
- <파리가 아름다운 꽃처럼 피어나는 것이다>: <파리로 하여금 ~~~되다>라고 사역형 문장으로 <**让**巴黎像盛开的美丽的花朵>라고 표현한다.

⑤ 이렇듯 도시의 매력은 "사람들이 지나다니는 길과 모여드는 공간을 **어떻게 꾸미느냐**"에 **달려있다**.
- <어떻게 꾸미느냐>: <**如何装饰**>로 표현한다.

- <~~에 달려있다>: <看>을 이용하여 <要看看"人们行走的路和聚在一起的空间如何装饰">라고 옮긴다.

⑥ 우리의 **도시 색깔도** 많이 달라지고 있다.
- <도시 색깔>: <城市色彩>로 표현한다. <颜色>가 단순히 색깔을 가리킨다면 <色彩>는 분위기, 경향 등의 뜻도 가지고 있어 적합하다.

⑦ 대형 쇼핑몰과 넓은 8차선 도로가 **각광 받던 시대는 이제 지났다**.
- <각광 받던 시대>: <주목을 받다>라는 뜻으로 <备受瞩目的时代>으로 옮긴다.
- <~~ 이제 지났다>: <已经过去了>라고 표현한다.

⑧ 이제는 "문화적 배경, **그 안에 녹아있는 스토리와 경험**"을 중시한다.
- <~ 그 안에 녹아있는 스토리와 경험>: 대명사 <此>를 써서 <对此里融入的故事和经验>라고 옮긴다.
- <~을 중시한다>: <要注重>라고 표현한다. <要>를 써서 의미를 강조한다.

⑨ **낡고 불편할 것** 같은 북촌 한옥 마을에 **관광객이 모이고**, 시골의 조그만 벽화 마을을 **굳이** 찾아가는 데는 다 **그만한 이유가 있다**.
- <낡고 불편할 것>: 상태를 대등하게 나열하여 <破旧不便>라고 옮긴다.
- <관광객이 모이고>: 찾아가 방문한다는 의미로 <访问>으로 표현한다.
- <그만한 이유가 있다>: <상응하는 이유가 있다>라는 의미로 <有相应的理由>로 옮긴다.

### 04 모범 문장

都市的魅力

都市的魅力就是由生活在当地的住民所创造出来的。之所以很多人感到巴黎很美丽的原因，是因为巴黎的市民都努力美化自己的空间。他们没拆掉破旧的栋楼修宽马路，但是给弯弯曲曲的胡同里注入活力，还开了小而有个性的商店，使胡同带着独特的风格。就这样为住民的胡同聚集在一起，让巴黎像盛开的美丽的花朵。这样城市魅力就要看看"人们行走的路和聚在一起的空间如何装饰"。我们的城市色彩也变化了很多。现在大型购物中心和宽阔的八个车道备受瞩目的时代已经过去了。目前都要注重"文化背景，对此里融入的故事和经验"。有许多游客要访问破旧不便的北村韩屋村，还偏要去乡下的小壁画村是有相应的理由。